AF448582

Domar el riesgo

Diseño de tapa:
AILIN CALICCHIO

MARCELO ROMEO

Domar el riesgo

Aprendizajes e inspiración a partir de la
campaña argentina más exitosa
del siglo XXI: "El Gerente de Noblex"

GRANICA

ARGENTINA - ESPAÑA - MÉXICO - CHILE - URUGUAY

© 2022 *by* Ediciones Granica S.A.

ARGENTINA
Ediciones Granica S.A.
Lavalle 1634 3º G / C1048AAN Buenos Aires, Argentina
granica.ar@granicaeditor.com
atencionaempresas@granicaeditor.com
Tel.: +54 (11) 4374-1456 - ☎1158549690

MÉXICO
Ediciones Granica México S.A. de C.V.
Calle Industria N° 82 - Colonia Nextengo - Delegación Azcapotzalco
Ciudad de México - C.P. 02070 México
granica.mx@granicaeditor.com
Tel.: +52 (55) 5360-1010 - ☎ 5537315932

URUGUAY
granica.uy@granicaeditor.com
Tel.: +59 (82) 413-6195 - Fax: +59 (82) 413-3042

CHILE
granica.cl@granicaeditor.com
Tel.: +56 2 8107455

ESPAÑA
granica.es@granicaeditor.com
Tel.: +34 (93) 635 4120

www.granicaeditor.com

Reservados todos los derechos, incluso el de reproducción
en todo o en parte, y en cualquier forma

GRANICA es una marca registrada

ISBN 978-987-8935-43-0

Hecho el depósito que marca la ley 11.723

Impreso en Argentina. *Printed in Argentina*

Romeo, Marcelo
   Domar el riesgo : aprendizajes e inspiración a partir de la campaña argentina más exitosa del siglo XXI : El Gerente de Noblex / Marcelo Romeo. - 1a. edición especial - Ciudad Autónoma de Buenos Aires : Granica, 2022.
   128 p. ; 22 x 15 cm.

   ISBN 978-987-8935-43-0

   1. Marketing. I. Título.
CDD 659.10982

A Paula, Tommy, Achu y More

Agradecimientos

A Cristina Mahne, Leandro Africano, Marcelo Roffé, Gastón Bigio, Juan Manuel "Papón" Ricciarelli, Anita Ríos, Paula Martín, Martín Zemborain y Sebastián Cardoso.

Y a mis mentores: Rubén Cherñajovsky, Luis Galli, Ricardo Bordoy, Jorge Arpi, Carlos Morard y Carlos Espósito.

Índice

Prólogo

A Marcelo Romeo lo conocí en uno de los desayunos que organizaba Leo Morales, allá por 2006. Había gerentes importantes de varias empresas y eran encuentros muy fructíferos y de mucho intercambio. Al poco tiempo pudimos trabajar juntos en equipo.

De esa experiencia, recogí que existen dos caminos para llegar al éxito: uno es asumir el compromiso y los riesgos, y el otro, más timorato, evitar el fracaso. Este libro está en la primera autopista, sin dudas.

El primer capítulo me encantó y tiene cosas en común con la toma de decisiones de los deportistas de élite. Es el capítulo donde Marcelo habla de la campaña **El Gerente de Noblex**, que ahora será película; el riesgo asumido si Argentina no clasificaba al Mundial de Rusia 2018 y cómo Lionel Messi salvó a Noblex, aunque la empresa había tomado un seguro en Inglaterra.

Hay dos preguntas claves de todas las que Marcelo realiza al final del capítulo que son excelentes: ¿El riesgo es un concepto que está presente en tus estrategias de comunicación? ¿Cuándo y de qué manera fijás tu estrategia de riesgo en tus negocios o campañas de marketing?

La toma de decisiones implica riesgos y su asunción. Elegís algo y dejás de lado otra cosa. En la vida es más fácil que dentro de una cancha de fútbol, donde el jugador realiza tres pasos automáticos: elucubra, decide y ejecuta. Siempre tiene más de una opción para tomar. Y el alto rendimiento es decidir rápido y bien. Por eso es tan difícil.

De ahí la incertidumbre de la que habla Marcelo en este libro tan didáctico. Hace cinco años, cuando nadie bancaba a la Selección, esta marca se comprometió y lo hizo. Con estrategia e inteligencia, instaló el tema un año antes del Mundial y la apuesta funcionó porque el riesgo da ganancia. Y el trabajo en equipo con un liderazgo claro, también.

No era la primera campaña publicitaria de impacto que Marcelo emprendía, pero sí fue hasta ahora la más exitosa. *Que hablen*, decía el genio Salvador Dalí, *bien o mal, pero que hablen.* Hoy las redes sociales son un arma de doble filo, ya lo sabemos, pero vender un millón de televisores en un año tuvo que ver con aprovecharlas de la mano de este riesgo asumido que, como claramente define el autor de este libro, hace la diferencia. Para conseguir el éxito lo que se necesita es valentía y coraje que, como rezaba Nelson Mandela, vienen después del miedo.

Marcelo en su área siempre fue un líder. Son muy pocos los líderes en las empresas, solo el 10%, pero sobran los jefes. ¿Por qué? Porque para ser líder hay que tener firmeza, creatividad, coherencia, saber escuchar, humildad, saber motivar, saber comunicar, saber observar, tener autoconfianza, ser original, poseer resiliencia, tener equilibrio emocional, ser humano, tomar decisiones, ser trabajador, ayudar a crecer, inspirar, ser justo, ser creativo, ser inconformista, ser creíble y confiable, buscar la excelencia, tener manejo de las presiones, tener una visión amplia, tener inteligencia emocional, poseer empatía, ser emprendedor, ser valiente, ser optimista, ser criterioso, saber convivir con la incertidumbre, estar en los pequeños detalles, etc.

El trabajo en equipo requiere de tres condimentos claves y decisivos y es la resultante de sumarlos: la comunicación, la motivación y el liderazgo. Esta es la fórmula que desarrollé en algunos de mis libros, doy en mis conferencias y pongo en acción en el alto rendimiento deportivo.

En este libro el autor define el liderazgo, fruto de su aprendizaje, con las palabras justas: "Por eso, el buen líder no solo debe ser filtro sino también colchón para amortiguar las presiones desde arriba y desde abajo. Es fundamental como administrador de conflictos, reales o potenciales. El equipo de colaboradores debe enterarse de lo que sea necesario saber, en la dosis correcta, en el momento indicado y del modo más propicio. Es por eso que posiblemente la mejor virtud de un gran líder sea el criterio".

Para transformar un grupo en un equipo, inevitablemente hay que atravesar por un momento de conflicto. Eso es lo que ayuda a crecer y Marcelo desde su liderazgo lo tiene claro.

En el alto rendimiento deportivo, al modelo VICA, tan conocido y aplicado en empresas (en inglés VUCA), lo adaptamos: a la V de voluble, I de incierto, C de complejo y A de ambiguo, le sumamos la D de dinámico y descartable. En el segmento de la alta competencia todos somos descartables, hasta Messi, el número 1. Por eso cuando se hacen analogías entre la empresa y el deporte, creemos que es cierto que existen, pero también existen diferencias. Los que venimos del deporte de élite las vemos, y aunque brindamos capacitaciones corporativas llevando estos modelos y habiendo trabajado con tantos entrenadores y deportistas, hay ejemplos muy utilizables y otros no tanto.

Pero vamos a tirar paredes en busca del gol.

Decíamos que un líder tiene que ser creativo y Marcelo nos explica que la creatividad no es solo encontrar soluciones sino también defender las ideas. "Es un valor que se construye, se aprende, se enseña, se experimenta desde el oficio, una disciplina o la formación educativa", sostiene. Y cita a Steve Jobs: *"La creatividad es simplemente conectar cosas. Cuando le preguntas a las personas creativas cómo hicieron algo, se sienten un poco culpables porque en realidad no lo hicieron: simplemente vieron algo. Algo que después de algún tiempo, les pareció obvio"*. Basta ver los 14 minutos de Jobs en el discurso de la Universidad de Stanford para entender por qué a Apple le fue como le fue. Allí habla de los tres momentos más difíciles de su vida: cuando se enteró de que era adoptado, cuando lo echaron de la empresa que él mismo creó y cuando le dijeron que tenía cáncer.

Creo que este libro es para disfrutar, para entender el fundamento detrás del fenómeno, para contagiarse de energía positiva, ver que se puede, aprender a arriesgar, romper tabúes y falsas creencias y prejuicios y, como dice el autor, no tener miedo al fracaso y desdramatizar. Michael Jordan decía en su libro *Mi filosofía del triunfo* que él no pensaba que su tiro podía salir mal, que él apostaba a ganador, no se detenía en las posibles consecuencias negativas de la acción. Arriesgaba y ganaba, y eso es lo que nos enseña este libro.

Termino con una publicidad de Gatorade que pueden encontrar en YouTube. Dura 31 segundos, la considero brillante y siempre la llevo conmigo: Jordan cuenta que erró 9000 tiros al aro (¡sí, 9000!), que perdió 300 partidos y que 26 veces pudo haber ganado el match con el lanzamiento del final, pero lo erró. Dice que, porque fracasó, tuvo éxito.

No hay que tenerle miedo al fracaso. Hay que entenderlo como una estación ineludible en el camino hacia el éxito, que no es más que un sueño, un objetivo o un deseo hecho plan. ¡De eso se trata!

Felicitaciones Marcelo por compartir tu saber y tus experiencias tan productivas y originales, y por ayudarnos a entender y enseñarnos.

¡¡¡Que lo disfruten!!!

Dr. Marcelo Roffé*

---

* MN 16699. Licenciado en Psicología (UBA, 1990). Especializado en Clínica en 1996 en el Hospital Argerich. Master en Psicología del Deporte y la Actividad Física (Uned-Complutense de Madrid, 2001). Doctor en Psicología (UP, 2020). Trabajó 15 años con José Pekerman (Selección Argentina y Colombia). Escribió 20 libros, entre ellos *Formando al líder de un equipo*. Conferencista nacional e internacional. Docente. Hace 27 años que trabaja en el alto rendimiento deportivo. Conduce la consultora "Alto rendimiento: del deporte a la empresa".
Web: www.alto-rendimiento.com.ar
Instagram: marcelo.roffe
Twitter: @marceloroffe

Capítulo 1

El marketing de la incertidumbre

El miedo solo sirve para perderlo todo.
MANUEL BELGRANO,
prócer de la Independencia argentina

En España, cuando alguien decide encarar una misión difícil, peligrosa, puede que sus afectos cercanos recurran a expresiones de la tauromaquia y le den ánimos con un *"¡Suerte y al toro!"*. Es un modo de compadecerse de lo que se le viene encima al otro, de ayudarlo a blandir una imaginaria capa roja con la que acicatear el riesgo para, luego, esgrimir saberes y dominarlo exitosamente.

En ese envión, que parece irracional (pero ya veremos si lo es o no), hay coraje, pero también hay estrategia. Hay valentía, y hay oficio. Y hay, sobre todo, un cálculo exacto de proporciones: cuánto se requiere de ambos ingredientes para que la receta sea no solo sabrosa sino rendidora.

Asumir el riesgo precede a ponerse el traje de luces. Por definición, arriesgarse es –para el torero, pero también para quien encara la concreción de una idea– una necesidad. Se sabe que quien no arriesga, no gana. El dilema es cuánto, de qué modo y cómo hacer más eficiente la inversión. Estoy acá, en este libro, para ayudarte a hacer las cuentas.

El primer paso para llevar a buen puerto un proyecto es asumir con qué recursos salimos al ruedo. Así como no se puede escalar el Everest descalzo, ser consciente de las herramientas de las que se dispone despeja el horizonte. Si pintás pésimo pero te encanta hacerlo, avanzá. No vas a exponer en grandes galerías pero la vas a pasar genial. Ahora, si pintás pésimo pero no lo admitís, no solo no vas a triunfar como pintor sino que, encima, te vas a frustrar.

El riesgo es una herramienta universal para ir por más, y hay que buscarlo proactivamente. Todos tendemos a escapar de los contextos de incertidumbre, como primera e irreflexiva reacción, porque el riesgo está asociado a nuestras zonas grises –a veces, directamente negras– y a valores que tienen carga negativa (estrés, nervios, posibilidad de perder, entre otras). Sin embargo, bien podríamos relacionarlo con conceptos como placer, disfrute, satisfacción porque no hay logro que, en mayor o menor medida, no los contenga.

No se trata de convivir con el riesgo como una maldición sino que es crucial mirarlo como aliado: lo necesitás si querés que tus proyectos se concreten del mejor modo. Es necesario aferrarse a su presencia, hacerlo socio de nuestras ideas porque es el modo de diferenciarse de la media, de destacarse.

Y eso mismo le sucede a las marcas. A través del peso creciente de las redes sociales y las complejidades que despliegan en el vínculo con las audiencias, los consumidores dejan bien en claro que no quieren marcas acomodaticias, esas que son flanes, gelatinas sin sabor, esas que están bien con todos. Demandan marcas que toman posición, y que se ubican en lugares donde a veces resultan queridas, y a veces no. Como le pasa a las personas a lo largo de la vida.

Salvando las distancias, enamorarse también es asumir riesgos porque estando solos nos la podemos arreglar. Mal, bien o más o menos, pero sobrevivimos. Ahora, decidirse a confiar, a entregarse, a dar y a recibir es una misión peligrosa. Y, tanto para enamorarse como para ser una marca honesta, hay que desvestirse, mostrarse como realmente uno es, con aciertos y con errores.

A lo largo del siglo XX, las marcas intentaron múltiples caminos que confluían en un objetivo: exhibirse como perfectas, como ideales. Pero lo ideal es lo que está en la mente, en un plano no concreto, no cierto, no tangible. Es lo deseado, la construcción anhelada. Esas marcas supuestamente impecables querían a la gente, le daban de comer, la vestían, la llevaban de viaje, la curaban y la entretenían. Todo desde la búsqueda de un rol sin fisuras ni dobleces.

Tenemos que ser audaces, salir al campo y hacer las cosas, no sentarnos y esperar a que suceda. Tenemos que demostrar lo que podemos hacer y que merecemos ganar el título. Tenemos que ser valientes y salir a jugar.

PEP GUARDIOLA,
DT español de fútbol y ex jugador

Las marcas se equivocan, y mucho

El castillo de naipes no tardó en caer. Hoy las marcas más valoradas son las reales. Si alguien la cuestiona en redes sociales, la marca debe decir: "Perdón, nos equivocamos". Las críticas nos sirven porque disparan cambios. Hacemos ajustes, recalculamos. Mostramos el "lado humano" de las marcas porque en algún punto también tienen sentimientos.

El primer gran diferencial de la campaña de **El Gerente de Noblex** se centró en que, de manera inédita, se encaró una estrategia publicitaria en la que la marca podía perder dinero, prestigio y convertirse en el hazmerreír del mercado. No lanzamos un descuento, ni una promoción calculada como esas donde las compañías saben en qué lugar y en qué cantidad hay tapitas ganadoras. Cuando una compañía no va a la vanguardia tecnológica, cuando claramente es seguidora de otras que sí son líderes en innovación, tiene que elegir caminos alternativos para diferenciarse y vincularse. Puede encarar contenidos amenos y arriesgados que otras marcas no están dispuestas a hacer.

Decidimos involucrarnos en un terreno complicado pero que nos daba una oportunidad: la de sacarnos la coraza, no esquivarle el bulto al potencial error, avanzar livianos, sin ese peso que implica ser perfecto. Mostrarnos descontracturados y hablarle al consumidor como lo haríamos con un amigo: sin distancia, con confianza, con cercanía emocional. En definitiva, el desafío de las marcas hoy, es ese; generar un vínculo –cercano, genuino, confiable– con los consumidores.

Décadas atrás, las marcas ejercían relaciones con sus consumidores en las que la comunicación era unidireccional: la marca hablaba, la gente respondía (con aplausos o con enojo), y la marca no se enteraba de ese feedback.

Ahora, las redes sociales son la caja de resonancia de ese impacto, de esa respuesta, del resultado de las acciones de las marcas.

Cuando los consumidores nos acusaban de ser anti-Selección, de apostar por la derrota, hubo quienes internamente sostenían que teníamos que "cerrar" las redes. ¡Ridículo! Es como decidir dejar de atender el teléfono. Van a seguir hablando mal de nosotros, con la única particularidad de que no los vamos a escuchar. Es elegir no enterarse, es no resolver nada, es una actitud infantil.

> *Frente a un consumidor frágil y vulnerable, tenemos la oportunidad de anticiparnos a los momentos más duros y posicionarnos como una garantía, como un simplificador de la vida de nuestros clientes.*
>
> CRISTINA VICEDO, directora general
> de Future Brand España

La comunicación entre las marcas y los consumidores es completamente bidireccional ahora. Si damos un mal servicio, el cliente lo primero que busca es compartirlo en las redes. Y hasta no tener una respuesta satisfactoria, no se detiene.

Exponerse es correr riesgos, claro, porque a uno lo pueden silbar. Pero no hacerlo es peor, porque nos estamos privando de que, eventualmente, nos aplaudan. Hace ya bastante tiempo que me rijo por este postulado.

En el caso de la campaña **El Gerente**, nos hicimos fuertes en el tono, en construir una propuesta con la que el consumidor se identificara. Nuestro *mood* fue desdramatizar. Y lo hicimos dando el ejemplo.

¿Qué iba a pasar si toda la campaña desbarrancaba? ¿Qué sucedía si a la promoción le iba mal? En realidad, la pregunta correcta era ¿qué es mal? Lo peor que podría haber pasado era que Argentina no clasificara. Pero a mí, en lo personal, no se me iba la vida. Era una linda campaña pero no iba a perder mi trabajo, y la empresa no se iba a fundir. La mejor forma de administrar la adrenalina era poner todo en su justa medida. Y yo pensaba que los jugadores de la Selección, aunque no llegaran al Mundial, iban a seguir jugando en los mejores clubes del mundo. Por lo tanto, de ahí para abajo, los demás debíamos sufrir consecuencias aún menores.

La atomización del riesgo baja la presión: si nos iba mal, peor la iban a pasar los jugadores y el DT. Pero, por otro lado, lo que estaba bien y lo que estaba mal era discutible. A la Argentina cada vez le iba peor, y sin embargo nos decían *"¡Qué bueno lo que están generando!"*. Es que, claro, si la clasificación hubiera sido cero dramática, la campaña no habría tenido tanto impacto ni despertado semejante interés. El suspenso jugó a nuestro favor. El riesgo fue nuestro mejor aliado.

Heisenberg, físico alemán, estableció una de las bases de la física cuántica que ha servido para desarrollar el mundo que conocemos. Su teoría, llamada El principio de incertidumbre, dice que cuanto más intentamos medir algo, más interferimos en la naturaleza del suceso y por lo

> *tanto más interferimos en la medición del mismo.*
> *Como sabemos que el comportamiento humano es*
> *impredecible, si intentamos controlarlo nos esta-*
> *mos engañando.*
>
> IVÁN DÍAZ, director de Estrategia
> en Brand Union

Ni local, ni visitante: *fair play*

Las marcas naturales, cercanas a los consumidores, las que se meten en terrenos que resultan relevantes para la gente son las que consiguen dejar huella en el imaginario popular.

Para detectar por dónde pasa el genuino interés de la gente, nada mejor que la escucha activa, un tema sobre el que volveremos más adelante. Y luego, hacer el link entre esos temas que concitan atracción y nuestro producto.

Lo que tenemos que lograr es que la gente levante una ceja y diga: "Esto es lo que está pasando". Pero no de manera desconectada sino estratégica. Detrás del corazón de esa temática, tiene que haber un nervio, un núcleo narrativo, un conflicto. Nosotros lo teníamos. Y teníamos algo más: ganas de jugar con *fair play*, en terreno neutral, en un campo donde no pudiéramos intervenir, donde no hubiera injerencia posible.

Esa propuesta no solo provocaba fantasía en la gente (imaginar qué va a suceder), adrenalina (nos ve correr riesgos en tiempo real) y también, por qué no, un poquito de morbo, de disfrutar con picardía de ver a alguien jugándosela y, a la vez, especular con la chance de tener una

TV gratis. Es una condición humana, no necesariamente un sentimiento negativo. Es la ley de atracción de una historia: sí o sí debe haber un núcleo narrativo atrapante.

Para este Mundial 2022, el de Qatar, las apuestas internacionales indican que Argentina tendría un 17% de posibilidades de ser Campeón. Sin embargo, las encuestas locales marcan que ese número asciende casi al 50% si solo se le consulta a los argentinos. Esa percepción diferente, esa ilusión, ese deseo compartido por un país es una gran base para trabajar. *Un insigth.*

> *Cuando veas un negocio exitoso, alguien alguna vez tomó una difícil decisión.*
>
> PETER DRUCKER, abogado y consultor en management

Relevantes y pertinentes

Históricamente, en las carreras de Comunicación y Publicidad se enseñaba que tanto una marca como su campaña debían ser relevantes y pertinentes. Relevantes para destacarse en la tanda, y pertinentes para dar en el corazón del consumidor. Ahora que la tanda publicitaria se ha reformulado y que las marcas se han vuelto más vulnerables a la exposición, mucho de lo que aprendimos casi no sirve. Sin embargo, los conceptos de relevancia y pertinencia siguen siendo muy válidos para las marcas en el contexto de incertidumbre actual.

Sabemos que no siempre el riesgo puede calcularse con precisión. De hecho, en Noblex corrimos mucho más riesgo del que preveíamos originalmente, porque nadie imaginó que a Argentina le iba a costar tanto clasificar. Pero, lanzados como veníamos, no había forma de echarse atrás.

En alguna reunión se planteó internamente la posibilidad de bajarle el volumen a la campaña. Dejar de hacer memes, desactivar al gerente, irnos del campo de juego silbando bajito. Imposible.

Vimos en el riesgo una oportunidad, y redoblamos la apuesta, confiando en que la ganancia sería tan exponencial como el riesgo.

Si uno elige el camino del riesgo controlado, seguramente atravesará menos tensiones internas pero no va a conseguir lo que logramos nosotros: que todos los empleados y empleadas estuvieran orgullosos de la marca.

El personal de Noblex bancaba a muerte la idea. Nuestro endomarketing fue glorioso, logramos que todo el mundo tuviera la camiseta puesta y el día a día era conmovedor en ese sentido. Ver a la gente del centro de distribución, de la fábrica, los administrativos, todos, pendientes de cada etapa del proceso, era muy gratificante.

¿Qué fue lo que motivó semejante pegada? El haber puesto el dedo en la llaga, haberse animado a hablar de un tema tabú: quedarse eventualmente afuera del Mundial. Ese fue nuestro contenido relevante.

Administración del riesgo

Es todo muy lindo, te dicen "Meté la mano derecha allá, caminalo, meté el jab, matalo" *y todo lo que quieras. Pero cuando suena la campana te quedás solo, y ni el banquito te dejan.*

OSCAR "RINGO" BONAVENA, boxeador

La idea de la promoción era líquida y había que darle forma. Por eso elegimos co-construirla con los consumidores: cuando empezamos con la campaña sabíamos que teníamos que administrar el riesgo, que había que contratar un seguro y que desde la perspectiva empresaria se demandaba ser racional.

Todo esto era necesario para cuidar a la marca, pero también porque había que ser racionales en un contexto en el que la gente miraba la campaña con emocionalidad, porque apostaba al fracaso (si la Selección no clasificaba, los compradores se quedaban gratis con la TV) y mayoritariamente quería sentir el placer de alcanzar el objetivo.

El eje era la pasión, que en Argentina es sinónimo de fútbol, y por eso en la película *El Gerente*, que retrata toda esta historia, se ve que alguien maldice a una TV Noblex.

Si la marca se hubiera mostrado exitosa, sin fisuras, no hubiera tenido evolución alguna para exhibir. No hay construcción, la línea es plana.

En paralelo corríamos otros riesgos. Porque si bien nunca pensamos en que podría haber habido una mano negra detrás de los arbitrajes, por ejemplo, podían pasar mil cosas. Lesiones de los jugadores, sin ir más lejos.

Muchos clientes nos decían: "Ustedes hacen esta campaña porque Messi es la imagen de Adidas y sería imposible que no juegue". Y no, no era verdad porque sin el triunfo ante Ecuador, con o sin Messi nos quedábamos afuera del Mundial.

Entiendo que en AFA estaban tan preocupados como nosotros. De hecho, unas semanas después de que hubiera terminado la campaña, me encontré en el predio que la Asociación tiene en Ezeiza con Jorge Sampaoli, el entonces director técnico de la Selección:

—*¡Jorge, casi me dejás sin trabajo!*, lo saludé.

Su respuesta aliviada fue:

—*Jajajaja. Yo también casi me quedo sin trabajo.*

El Departamento de Legales de la compañía fue clave en toda esta acción, pero en verdad toda la empresa se vio involucrada en la campaña. En el país no había seguro que quisiera cubrirnos así que consultamos a *brokers* internacionales y dos ejecutivos viajaron a Londres para firmar la póliza.

Una vez más, volvemos al análisis del riesgo, a considerar dónde están los límites del peligro, a pensar cuándo es momento de dejar de jugar con fuego (o ponerse el traje antiflama). Ese recaudo aplica no solo a la vida corporativa sino también a la personal. Hay cornisas que no vale la pena recorrer, otras que tiene sentido explorar pero siempre con soga de seguridad.

En ese sentido, recuerdo el caso de un conocido CEO que planteaba una metáfora tenística para hacer referencia a la necesidad de trabajar siempre con el riesgo latente, administrando ventajas y desventajas de jugársela, en la delgada línea que dividía el *lo hacemos* de *la dejamos pasar*. Era su sello, pero también una postura y el ADN de una compañía. Ese ejecutivo decía a su equipo:

—*OK, te tomo la idea. Y vos me tenés que devolver la pelota siempre al fleje: justito, pero adentro.*

✓ Preguntas para reflexionar sobre este capítulo

1. ¿Cómo afrontás la incertidumbre en tu trabajo?
2. ¿El riesgo es un concepto que está presente en tus estrategias de comunicación o tu posicionamiento personal?
3. ¿Cuándo y de qué manera fijás tu gestión de riesgo en tus negocios o campañas de marketing?
4. ¿De qué forma está protegida tu marca de las consecuencias del riesgo?
5. En tu trabajo o en tu compañía, ¿huyen del riesgo o lo abrazan?

Capítulo 2

La creatividad entra a la cancha

*Una idea que no es peligrosa es absolutamente
indigna de ser llamada una idea.*

OSCAR WILDE, escritor

Pep Guardiola, célebre ex futbolista español que fue director técnico del Club Barcelona y ahora conduce al Manchester City de la Premier League de Inglaterra, fue clarísimo a la hora de transmitir cuánto hay que poner en juego, cómo saber hasta dónde invertir a la hora de medir eventuales pérdidas y potenciales resultados: "No hay nada más peligroso –dijo– que no arriesgarse".

Durante mucho tiempo di clases de Comunicación, Marketing y Publicidad en diferentes espacios académicos y en muchas oportunidades planteaba a mis alumnos un ejercicio: *"Cinco de ustedes pasen al frente y anoten qué idea se les ocurrió sobre tal tema"*, les decía. El o la que no tenía el valor de exponer, debía asumir que su idea jamás existió. Este ejercicio, llevado a la vida laboral, puede traducirse en el siguiente monólogo interno: *"El pasante que estaba sentado a mi lado dijo en la reunión una idea muy parecida a la que yo tenía en mente y no me animé a contar. El CEO lo felicitó. Y yo perdí una enorme chance".*

Creatividad no es solo encontrar soluciones sino también defender las ideas. Hay que tener la valentía de enfrentar los desafíos. En ese sentido, el concepto de *animarse* ofrece dos enfoques: el de tener el valor de correr un riesgo, y el de encararlo con alegría, con ganas, con visión positiva. Con ánimo. Lo segundo es esencial para lo primero. Porque enfrentar riesgos no es salir a caminar por la cornisa y ver qué pasa, si aguantamos sin caernos, cuánto tiempo duramos, o cómo amortiguamos el golpe. Enfrentar riesgos de manera consciente es entender para qué subí a esa cornisa y cómo la recorro de manera eficaz.

Esta situación aplica a cualquier aspecto de la vida, no solo a los resultados de una marca o a una campaña de publicidad. Sobre eso habló Jorge Valdano, compañero de Diego Maradona en la legendaria Selección Argentina Campeona del Mundo en 1986: "Un ser humano o un equipo necesitan —advirtió— dar un sentido a lo que hacen, tener claro el *por qué* y el *para qué* de los actos que componen la actividad cotidiana. Los sueños no son un lugar para quedarse sino un motor que nos pone en marcha".

Con esa premisa presente, vemos que hay una reconfiguración de la comunicación de marcas, y de la publicidad en general. Hay una necesidad de cambiar los comerciales clásicos, como los hemos entendido siempre, porque tanto la palabra PUBLICIDAD como la palabra

CAMPAÑA tienen mala prensa dentro de una compañía. Se las asocia a la idea de *"Estás gastando plata en una boludez que no nos va a servir para nada"*. Nunca entendí por qué no se habla de inversión, en el mejor de los casos.

El enfoque actual es el de buscar ideas de soluciones que resuelvan problemas comerciales concretos de una empresa. Y en esa mirada contemporánea del tema, la vista abarca un abanico mucho más grande que el que contenía en décadas pasadas la publicidad. Hoy hablamos de acciones de marketing, comunicación integral, plan 360, estrategia de marca, y con esas herramientas buscamos desarrollo de productos, planes de negocios, soluciones alternativas y completas a situaciones que nos están afectando.

En ese sentido pienso en la película *Hombre mirando al sudeste* del director argentino Eliseo Subiela, en la que el protagonista decide que hay una serie de palabras que nunca más usará en su vida, y las va tachando de su discurso. Eso deberíamos hacer con el concepto tradicional de publicidad porque sostener elementos como CAMPAÑA o COMERCIAL induce al error de creer que la compañía puede resolver un problema de ventas internamente, con un *brainstorming* en el que participen cuatro egresados de la licenciatura en Administración de Empresas y decidan, a pura intuición, el concepto de una campaña.

Seguramente ellos sabrán cómo encarar otros problemas vinculados al management. Pero si buscamos soluciones modernas, multidisciplinarias y atractivas para generar un vínculo con los consumidores y que posteriormente esto se refleje en ventas y *share*, tenemos que pensar en gente que sea experta en generación de ideas.

> *Yo hago lo que usted no puede, y usted hace lo que yo no puedo. Juntos podemos hacer grandes cosas.*
>
> MADRE TERESA DE CALCUTA,
> religiosa dedicada a la filantropía

Yo puedo jugar al fútbol, sí, pero en cancha de 5 y con amigos, no en alta competencia. No importa: igual me pongo los botines y pateo la pelota. Con la creatividad pasa lo mismo. No es propiedad exclusiva de los creativos, todos podemos ejercerla, cultivarla y desarrollarla. Cualquiera puede hacer acciones disruptivas, no hace falta llamar a una mega agencia internacional.

A veces ocurre que tenemos un problema en mente y lo arrastramos durante todo el día, sin encontrar la salida. De pronto, al levantarnos al día siguiente, nos damos cuenta de que tuvimos un momento Eureka y descubrimos cómo resolverlo. O vamos al supermercado y del packaging del arroz, que nada tiene que ver con lo que nos preocupa, tomamos una idea que destraba el conflicto. El punto es saber extrapolar, tener los recursos para interpretar esos senderos. Eso es ser creativo: no sesgar el origen de las ideas, porque pueden llegar desde una agencia, desde otro rubro, desde el comentario de un hijo.

Pero profesionalizar ese talento es algo bien distinto. La creatividad es un valor, que se construye, se aprende, se enseña, se experimenta desde el oficio, una disciplina o la formación educativa. Una agencia especializada en ideas aporta valor agregado, *background,* historial nacional e internacional y contexto a nuestros problemas de negocio. Nosotros podemos fabricar muy bien carteras, zapatos o pelotas, pero hay que defender el lugar y el trabajo de quien se preparó para hacer que esos artículos se consuman.

Esas ideas hay que pagarlas. Internamente podemos dar un par de manotazos de ahogado, y con suerte obtener un pequeño éxito. Pero la creatividad distintiva, la sofisticada –no por rebuscada sino porque de verdad aporta valor– proviene de personas que tienen el rigor, el método, el conocimiento y la profundidad para traer soluciones.

Esto, en el día a día, se traduce en ser racional a la hora de buscar la mejor respuesta a nuestros problemas. El camino corto no siempre es el que más rinde. Si, por ejemplo, tenemos que encarar una compleja situación fiscal, posiblemente un contador dé en la tecla de forma más eficiente que un amigo que se da maña con los formularios de AFIP.

Calambres en el alma

Una vez le dije a una mujer que yo era Kevin Costner y me creyó porque yo me lo creí.
SAUL GOODMAN, personaje principal
de la serie "Better call Saul"

Cuando hemos obtenido la idea de parte del o los especialistas, nuestro rol es visualizar adecuadamente su implementación. Esto es una habilidad que hay que desarrollar. ¿En qué consiste? En que si te cuento algo, lo puedas *ver* rápidamente. Es como pedirle a alguien que te resuma la trama de una película en 30 segundos. La idea se debe corporizar delante de tus ojos y tiene que aparecer claramente el camino más adecuado a recorrer.

Para eso tenés que preguntarte:

- La solución imaginada, ¿se puede implementar?
- ¿Tengo los recursos, el equipo, el tiempo para llevar la idea a la práctica?
- Lo que me falta, ¿se puede conseguir?
- ¿Esta solución va a tener el impacto adecuado?
- ¿Puedo medir o dimensionar ese impacto?

Con estos interrogantes vas a poder analizar la ecuación costo-alcance. Si la idea es genial pero la verán cuatro personas, posiblemente no valga la pena el esfuerzo, el tiempo y esa inversión se convertirá en un gasto. Por eso es fundamental que tu cabeza traslade las soluciones que te aporten o se te ocurran al plano de la realidad. Cómo concretarlas es tan necesario como encontrar la salida.

El siguiente paso, una vez que tenés la idea apropiada y sabés cómo llevarla a la práctica, es pensar qué podés hacer para engordarla, para generar más ruido, para sumarle un plus de originalidad, alcance, características únicas. Es como ponerle sal y pimienta a gusto. El golazo es mantener la idea madre, pero sacarle más jugo. Es el tercer elemento que terminará de convencernos, o no, de que encontramos el camino correcto.

Campañas multitarget, ideas multiage

La creatividad requiere tener el valor de desprenderse de las certezas.

Erich Fromm, escritor y filósofo alemán

Cuanto más masiva querés que sea tu idea, cuanto más ambicionás cubrir con esa solución, posiblemente menor sea tu alcance. Es una relación inversamente proporcional porque si le hablás a muchos, en realidad no te dirigís a nadie en especial. El gustarle a todos implica ofrecer un resultado lavado. No se puede ser encantador para todo el mundo.

Sin embargo, el enfoque multitarget para llegar a soluciones con foco en el segmento que te interesa sí es un buen recurso. Veamos este ejemplo: durante el encierro de la cuarentena motivada por el Covid-19, una empresa *fintech* quería generar una comunicación de alto impacto y resolvió poner su mirada en lo que el mundo necesitaba en ese momento. La demanda era la de encontrarse y reencontrarse. Y la mejor síntesis que se les ocurrió fue invitar a un *parade* al que convocaba la comunidad LGBTQ+ en las calles de San Pablo, de modo virtual (*feed parade*), ante la imposibilidad de hacerlo presencial por las restricciones sanitarias. Cada participante podía *taguearse* y por eso se veían miles y miles de etiquetados en ese mapa digital. La movida reivindicaba derechos, reproducía algunas de las sensaciones de la presencia física e impactaba no solo en el segmento porque esa necesidad de contacto humano era común a todos los brasileños.

En el caso de Noblex, uno podría pensar que la gente que no necesitaba comprar una TV estaba fuera del target. Por más atractiva que fuera la campaña, no iba a ser impactada. Pero logramos romper eso porque recurrimos a una estrategia emocional.

En ese caso nuestro eje fue la pasión, que es un sentimiento que elude cualquier segmentación por edad, por sexo y por estrato social. En ese sentido creo que fuimos avanzados: resolvimos hablarles a hombres y mujeres que tal vez estaban dispuestos a juntarse con amigos y amigas a ver un partido de la clasificación mundialista, y que no tenían previsto comprar un televisor. Queríamos generar un vínculo y conversación tanto con ellos como con ellas.

De esta manera, le hablábamos al CEO que tiene palco para ir a la cancha, al empleado de la empresa de seguridad del shopping que siempre va a la popular, a los chicos y chicas del secundario que miran los partidos en una juntada.

Las campañas ya no se piensan a partir de una única audiencia y su perfil sociodemográfico: importa poco dónde vivís, cuáles son tus ingresos, si sos hombre o mujer y mucho menos cuántos años tenés. Si la bandera que mi marca levanta te atrae, vas a conectar de manera más orgánica con mi producto.

En la actualidad la segmentación se da por intereses. Prueba de eso son los consumos de contenidos determinados por los algoritmos: un posteo va dirigido a la gente a la que le gusta hacer gimnasia en casa. No importa si vive en Tucumán o en Panamá, ni el sexo ni la edad ni la ocupación. Solo el interés común.

Bajo este nuevo paradigma, es muy interesante lo que nos pasó en Newsan con la marca Atma. Durante décadas sostuvimos que Atma era sinónimo de mujer en su hogar, e incluso su slogan era "Amas de casa eran las de antes". Pero los tiempos cambian y las marcas tienen que estar a la altura de esos cambios. Un tiempo más acá, durante la pandemia, empezamos a darnos cuenta de que las mujeres representaban apenas el 55% del componente *foodie* casero. Los hombres se habían involucrado en la cocina, tenían una motivación gourmet, querían disfrutar de ese momento. Se querían sentir chefs y se daban los permisos sociales necesarios para comprar una marca que estuvo durante 50 años asociada a las amas de casa. Así fue que revisamos nuestra estrategia y empezamos a incluirlos en nuestros mensajes y ofertas de productos.

> *La creatividad es simplemente conectar cosas. Cuando le preguntás a las personas creativas cómo hicieron algo, se sienten un poco culpables porque en realidad no lo hicieron: simplemente vieron algo. Algo que después de algún tiempo, les pareció obvio.*
>
> STEVE JOBS, empresario innovador

Los fenómenos culturales y sociales modifican nuestras percepciones. Es muy difícil medir con las reglas de hoy las actitudes del pasado. Es injusto, además. Y, tal como ocurre con las personas, las marcas revisan sus preconceptos y corrigen (o deberían hacerlo). Hay situaciones que en algún momento eran lógicas, y ya no. Los paradigmas y los contextos cambian, y por eso es vital reinterpretar la coyuntura, rever lo que uno piensa o hace.

Recabar ideas desde agencias integradas por gente joven le da frescura a cualquier marca o equipo de trabajo, pero también nutre escuchar la experiencia de los que tienen más años de oficio. No alcanza con tener una mirada canchera de los problemas. Las soluciones tienen que conjugar ambos enfoques, hacerlos convivir para que se alimenten mutuamente.

Ch-ch-ch-ch-Changes

Hasta hace unas pocas décadas, los cambios eran intergeneracionales. Hoy son intrageneracionales: cada fase dura aproximadamente 15 años. Todo sucede de modo tan acelerado que cuesta visualizar el futuro porque lo que antes demandaba una evolución de un siglo, hoy se transforma por completo en poco más de una década.

Todo es corto plazo y vértigo, y eso genera demasiada incertidumbre. Pero no solo entre los consumidores sino también en las marcas, que están muy condicionadas por lo que sucederá a la vuelta de la esquina. A fin de año hay que vender tanto, dicen desde la Gerencia General. Genial, pero el 1° de enero la marca estará viva y tenemos que seguir agregando valor al negocio. Somos dueños del departamento (de nuestro producto, pero también de nuestras vidas), no los inquilinos. Y por eso hay que invertir en construir un camino de crecimiento, salir de las tácticas cortoplacistas y trabajar en la consolidación de las ideas a largo plazo. La gran dualidad: ¿lo urgente o lo importante?

Llevado a la cotidianeidad, esa visión determina que además de pensar cómo haremos para llegar a fin de mes tenemos, en paralelo, que diseñar senderos que no son prioritarios pero sí trascendentales: qué queremos hacer profesionalmente el año que viene, dónde queremos estar laboralmente en cinco años, cuál es nuestro horizonte de acá a una década.

Las urgencias no deben impedirnos tener sueños, horizontes. No podemos quedarnos solo con la necesidad de llenar la heladera porque los proyectos son la nafta que alimenta el motor, lo que nos mantiene alertas, atentos. El equilibrio entre el corto y largo plazo hará que el mapa del hoy y del mañana estén en perfecto balance.

Ansiedades, silbidos y aplausos

La creatividad muchas veces requiere de maceración. Hay ideas que no conviene forzar porque necesitan decantar y rinden más si las dejamos latentes hasta que aparezca la oportunidad exacta en la cual encajen.

> *Las mejores ideas vienen como chistes. Haz tus pensamientos tan divertidos como puedas.*
>
> DAVID OGILVY, publicista, escritor y creativo fundador de Ogilvy & Mather

Ese empalme también se verifica con los equipos de trabajo. No se puede pensar que uno junta gente y las soluciones van a brotar cual geiser. Las ideas demandan maduración. A veces la falta de tiempo se suple con plata: si invierto el doble de recursos, puede que acelere los plazos. Pero no hay dinero que compense las ventajas que aporta poner las cosas en perspectiva, mirar un problema desde los zapatos de otro, asumir riesgos controlados, ubicarse en el lugar del consumidor, analizar su experiencia de compra.

Salir al escenario es exponerse, tanto a los silbidos como a los aplausos. En lo personal suelo descreer de los que me acercan ideas con el argumento de que son mejores que todo lo que hayamos hecho. En esos momentos me acuerdo siempre del ex arquero de Vélez Sarsfield, el polémico José Luis Chilavert, quien ante esta clase de planteos respondía: *"Tú no has ganado nada"*.

No se puede acolchar el mundo, vivir a fuerza de focus groups. Uno puede tener un estudio que indique que, en los 500 casos testeados, la campaña le gustó mucho al 90%. Y en la práctica, fallar estrepitosamente. Así como el fútbol es la dinámica de lo impensado (de lo contrario los equipos conducidos por Marcelo Bielsa siempre serían campeones porque ese DT tiene estudiado todo), las marcas se mueven en canchas donde suceden cosas imprevistas. La serie *El juego del calamar* es un lindo ejemplo de algo disruptivo, distinto, que pateó el tablero en un marco como el de la TV *on demand* donde casi todo parecía estar dicho. Al menos desde la mirada occidental, esa serie fue revolucionaria y generaba debate, polémica y ganas de verla.

El marketinero es el nuevo ombudsman

Hasta hace unas décadas, las marcas eran propiedad de la empresa que las poseía. Hoy están mucho más comprometidas. Deben acercarse cuidadosamente a los consumidores, quienes se sienten copartícipes de los contenidos de la compañía, y un tanto jueces (el pensamiento es: Si nos ponemos en contra tuyo en las redes, te la podemos complicar) con el poder de la irreverencia de su lado.

> *Si usted no se equivoca una y otra vez es señal de*
> *que no está haciendo algo muy innovador.*
> WOODY ALLEN, guionista y director de cine

Eso hace que las marcas a la fuerza se vuelvan menos acartonadas, más flexibles, y puedan, si tienen los reflejos necesarios, capitalizar las ganas de interactuar y jugar que tiene la gente. En el caso de Noblex, los mejores memes provinieron de los consumidores. El ingenio popular se canalizaba a través nuestro, que teníamos que admitir el riesgo que implicaba que la participación de la gente es ilimitada e incontrolada y puede llevar a la marca y sus mensajes hasta el borde.

Pero propiciar un espacio, un diálogo en el que la gente genere contenido, tiene un valor comunicacional increíble. El poder co-creador del consumidor nace cuando al público le interesa lo que la marca viene a plantear. Es espontáneo y no hay modo de generarlo a la fuerza. Si se encuentra el ámbito para esa conversación, el objetivo está logrado.

En ese contexto, el CMO (Chief Marketing Officer) o el Gerente de Marketing es el ombudsman entre el consumidor y la empresa, dos entidades que tienen motivaciones opuestas: en los extremos, uno quiere pagar lo menos posible (idealmente nada) por un producto que el otro necesita vender lo más caro que pueda, y en cantidad. Si la marca satisface a pleno los deseos de los consumidores, se funde. Si los desoye, también. En esa tensión, el humor siempre es un recurso útil para mediar, para bajar la guardia, para llegar al corazón de modo cálido.

Cuando tu marca no tiene un diferencial para ofrecer desde sus productos, la cercanía es todo para lograr ser relevante. De ahí la importancia de echar mano a la capacidad de reírse de uno mismo. Pero, una vez más, incide el manejo del riesgo porque el humor también es una herramienta delicada. En nuestro caso era básicamente generado por la gente, lo que nos mantenía a salvo de sospechas de *bullying* o discriminación.

✓ Preguntas para reflexionar sobre este capítulo

1. ¿Cómo es tu proceso de buscar ideas?
2. ¿Sabés a qué experto en creatividad vas a recurrir para pensar en conjunto las soluciones que necesitás?
3. La idea que encontraron, ¿es realizable? ¿Cómo?
4. ¿Qué elemento podés agregarle a esa solución para que rinda más?
5. ¿De qué modo es posible llevar esa idea al largo plazo?
6. ¿Qué aprendizaje te dejó el camino de visualizar y concretar tu idea?
7. ¿Cómo te parás dentro de la organización entre las demandas internas y las de los consumidores?

Capítulo 3

Liderazgo: ¡Al infinito y más allá!

Las oportunidades bailan con los que ya están en la pista.

MICHELLE OBAMA, ex primera dama de los Estados Unidos

Décadas atrás, un joven gerente, cuando yo estaba recién empezando mi carrera, me dio una enorme lección de vida que siempre le recuerdo a mis hijos. Un día, se acercó, me dejó un papel sobre mi escritorio y me dio una instrucción: "Por favor, llevá esto a Finanzas". Horas después, volvió a pasar. "¿No llevaste esto todavía?", me preguntó. "No pude. No tuve tiempo", fue mi respuesta. Vino nuevamente al rato. El papel seguía ahí. El gerente me miró, y yo balbuceé: "Ahora voy". Inmediatamente afirmó: "No te preocupes, lo llevo yo". "No, no, ya lo hago", atiné a prometer. "Ya es tarde", cerró la conversación mi jefe.

Me dio tanta vergüenza, me sentí tan mal… Me marcó mucho eso que pasó en mi formación como líder. En la actualidad no sé si funciona si yo le digo lo mismo a un joven profesional, tal vez incluso tenga el efecto contrario porque si ve que lo resuelvo es probable que se sienta desmotivado en lugar de desafiado y llegue a la conclusión de que la próxima vez le convenga no preocuparse por hacer algo.

Creo firmemente que un buen líder, aunque deba actualizarse con los códigos de los tiempos que corren, tiene que encontrar los caminos para estimular a sus colaboradores no a obedecer sino a honrar los compromisos.

De un líder, sea bueno o malo, siempre se pueden rescatar aspectos positivos y negativos. Si es motivador, si predica con el ejemplo, si estimula o si suma. Ahora, si es de esas personas que mejor perder que encontrar, también sirve conocerlo e interactuar con él. ¿Por qué? Porque uno puede observar su accionar y entender claramente qué no haría jamás con su propio equipo.

Filtro y colchón

> *No soy eufórico cuando ganamos ni me deprimo cuando perdemos. Hay que analizar y estar preparados para afrontar los escenarios. Gana solo uno y no por eso lo demás no tiene valor. Hay que saber valorar cómo se pierde y cómo se gana, y los caminos para conseguir los resultados.*
>
> LIONEL SCALONI, DT de la Selección
> Argentina de fútbol

El buen líder no solo da órdenes sensatas y precisas. Tal vez su rol principal sea otro: ser un filtro. Todo lo que los miembros del directorio, accionistas, gerentes, el CEO o cualquier otra autoridad de la compañía digan no se puede bajar de manera directa, no solo porque puede no ser estratégico hacerlo sino por algo mucho más importante que es evitar generar caos, alarma o euforia inútiles.

El líder ideal tiene que interpretar cada directiva, cada instrucción en el contexto en que se emite y tamizar esa información para compartir con los equipos lo que sea necesario y del modo en que sirva. Hay que transmitir lo que sea adecuado, y de la manera en que resulte óptimo.

Por eso, el buen líder no solo debe ser filtro sino también colchón para amortiguar las presiones desde arriba y desde abajo. Es fundamental como administrador de conflictos, reales o potenciales. El equipo de colaboradores debe enterarse de lo que sea necesario saber, en la dosis correcta, en el momento indicado y del modo más propicio. Es por eso que posiblemente la mejor virtud de un gran líder sea el criterio.

En ocasiones y sobre todo pensando en términos personales más que profesionales, ese sentido común es útil para indicar cuándo hay que pisar el freno. Sirve para proponer a algún integrante del equipo que reserve el tiempo necesario para hacer alguna actividad que lo desconecte de las presiones. Por algo las encuestas de clima laboral son las que suelen dar los peores indicadores: el balance de la vida personal con las demandas del trabajo no es fácil de lograr.

Lo mismo ocurre cuando alguien se ve claramente superado por una misión: en ese caso el mejor consejo que puede dar un buen líder es orientar el proceso de delegación de tareas.

Conozco una empresa multinacional que puso a disposición un coach para atender el caso de una gerenta, a quien el experto le indicó que debía dedicar dos horas diarias dentro de su horario laboral a pensar su desarrollo de carrera. Las actitudes de advertencia son parte de los liderazgos del pasado, porque hoy se impone mirar más allá, pensar en las cosas que nutren profesionalmente de manera integral, ser tolerantes, plurales y abiertos con pensamiento diverso. Por eso muchos líderes trabajan en oficinas abiertas: nadie debe golpear a sus puertas para interpelarlos.

Nunca es problema de presupuesto

Otro rasgo indispensable de un líder positivo es que haga suyo el concepto de agregar valor en cada pase de manos. Veamos un ejemplo: si trabajamos en Marketing y el gerente de Ventas nos dice que necesita publicar tal novedad, nuestro equipo no puede difundir el dato tal como viene. No solo un día se van a dar cuenta de que no estamos sumando conocimiento y luego nuestras horas en la compañía empezarán a estar contadas, sino que más allá del desempeño personal estamos afectando los resultados de todos. Si lo queremos expresar en lenguaje futbolero, el concepto que debe fijar un buen líder es que siempre que la pelota pase por nosotros hay que crear valor, armar una linda jugada, mirar a todo el equipo y analizar quién puede resolver mejor el ataque.

El fondo de la cuestión es no ser un simple pasamanos, no ser solo intermediarios: cada papel que depositan en mi escritorio (o documento que envían por mail) debería ser un desafío. Tengo que mejorar lo que toco, ponerle visión integral a los objetivos del negocio, engordar la idea original y no ser una puerta giratoria.

Ahora bien, ese valor tiene que resaltar por satisfacer los dos factores de la fórmula del éxito: velocidad y precisión. Sí, ambos. Algo así como la fórmula de Leo Messi para la toma de decisiones. ¿Cómo se traduce eso en el management, y también en la vida cotidiana? Es hacer las cosas rápido y bien. Hay que realizar una ejecución de calidad, lo que implica obtener los mejores resultados con los recursos de los que se dispone.

Justamente, lo de los recursos no es un tema menor, porque muchas veces se pone el presupuesto como excusa para no cumplir adecuadamente con alguna tarea. Sin embargo, un millón de albañiles no conseguirían hacer una casa en menos tiempo, sencillamente porque se chocarían entre ellos. Es cuestión de gerenciar lo que se dispone.

Las claves del buen líder

> *Siempre he creído que cuando sigues tu corazón, cuando haces las cosas que mejor te sientan nunca puedes perder, porque conformarse es la peor sensación del mundo.*
>
> RIHANNA, cantante nacida en Barbados

Otra faceta interesante del buen líder es la de estimular a que todos lleven su rendimiento hacia arriba. En otras palabras, mantener la vara alta. Esa bajada al equipo debe hacerse predicando con el ejemplo, mostrando por qué hay que soñar con cosas imposibles. Recuerdo un caso: en Noblex trabajamos un tiempo buscando *partners* para hacer un *cobranding*. Finalmente acordamos que iríamos en busca de la marca Rolling Stones, con quien desarrollar una línea de auriculares, con el fin de tomar valores y atributos de la banda inglesa. El primer *feedback* fue: "*La discográfica no nos va a dar la licencia. Es una marca demasiado prestigiosa como para que nos la ceda*". Pero, ¿por qué otro podría obtenerla y nosotros no? El primer pensamiento era que, siendo una marca argentina, sin proyección internacional no había chances de que desde Rolling Stones nos vendieran la licencia. Pero teníamos ese objetivo y ahí había que ir: trabajamos en ese sentido, ofrecimos una respuesta satisfactoria al nivel de calidad demandado y la idea se concretó. Visualizar la idea y ejecutarla con pasión, una fórmula simple y exitosa.

Justamente acerca de la importancia de ver corporizado nuestro deseo, nuestra ilusión, la película que está a punto de estrenarse con la historia del Gerente de Noblex es otro claro ejemplo. Yo tenía el sueño de ver filmada esta historia, pero a la vez desde lo racional lo más lógico era pensar que era casi imposible. A menos que se alinearan todos los planetas y de un modo inequívoco.

Sucedió.

Y sucedió porque si peleamos en serio por concretar una idea, con tesón y con las herramientas adecuadas, lo imposible se va acercando.

Stephen Follows, un reconocido investigador de datos y estadísticas de la industria cinematográfica mundial, precisó en 2015 que un 27% de las películas estrenadas ese año en cines norteamericanos estaban basadas en hechos reales.

Según el Instituto de Estadística de la Unesco, en 2017 se rodaron unos 7000 films en el mundo. Si consideramos que poco más de un cuarto de ese total fueron historias verdaderas, tenemos unas 2000 películas basadas en hechos reales por año en el planeta.

A fin de 2022 habrá en el mundo 8000 millones de habitantes, según estima el informe *Perspectivas de la Población Mundial* de Naciones Unidas.

Por lo tanto, solo un ser humano entre 4 millones de personas tendrá cada año la posibilidad de ver reflejada una experiencia de su vida en la pantalla grande.

Es decir, apenas el 0,000025% de los habitantes del mundo estará en mi lugar en este 2022. Tengo un enorme privilegio.

Seis recursos

El armado y la conducción de equipos también es clave dentro de las habilidades de liderazgo. Hay muchos aspectos a tener en cuenta en ese sentido, entre los que me interesa mencionar los siguientes seis:

- **El buen líder debe ser un buen árbitro entre los objetivos personales de los empleados y las metas de la empresa.** Pienso sobre este punto en esos jefes que acceden a otorgar un permiso cuando un subordinado pide algo lógico, y no solo lo hacen por ser considerados sino porque son conscientes de que ese empleado va a sentir el compromiso de responder, de ponerse la camiseta, cuando resulte necesario.
- **El buen líder valora los reconocimientos.** Por un lado, sabe que un colaborador que hace las cosas bien, más allá de que sea lo esperado, debe recibir una palmada, un viernes libre, un mail, una llama-

da, un mensaje de chat, un *Qué bueno esto que mandaste,* un *Te felicito.* El esfuerzo no tiene que pasar desapercibido. Por otro lado, en la industria del marketing y la publicidad hay muchos premios, y no faltan los que creen que el mercado se aplaude a sí mismo. Pero yo creo que no, que es valioso reconocer los éxitos. Las distinciones son siempre subjetivas, son pocos los premios que miden efectividad concreta. Pero todos los galardones son alicientes, son indicadores de que estás haciendo las cosas bien y siempre es un estímulo que los colegas o la industria presten atención a tu tarea. Es, también, una forma de agradecer el esfuerzo de todo el equipo.

- **El buen líder es reconocido por su equipo no porque la compañía ponga su nombre grande en la puerta de la oficina sino por sus acciones como autoridad.** El que aporta valor, infunde respeto. Y el que atiende las opiniones de los demás, escucha atentamente y corrige los pasos en base a esos aportes, también.

- **El buen líder debe tener una mirada de corto y largo plazo respecto del desempeño de los equipos.** Tiene que entender, y hacer escuela con eso, que el proceso de formación es necesario, que hay acciones comerciales para hoy o mañana y en paralelo, decisiones que para mostrar resultados demandan **paciencia y estrategia.**

- **El buen líder sabe leer los estados de ánimo de los integrantes del equipo.** Los que conforman un grupo de trabajo todo el tiempo, como cualquier persona, están sometidos a tensiones emocionales, laborales y de las otras. Es clave entender las frustraciones, las alegrías, las ansiedades, los desencantos, las preocupaciones. En equipos muy numerosos tal vez cueste acordarse de los nombres de los hijos de los empleados y de los detalles de los vínculos, pero hay que hacer el esfuerzo porque no solo son gestos que hacen a la convivencia sana sino que promueven que el otro aporte lo mejor de sí. Cuando alguien se siente contenido, escuchado empáticamente, comprendido, puede lidiar mejor con situaciones que pueden no ser justas, o resultar estresantes.

- **El buen líder sabe que un equipo interdisciplinario e intergeneracional es el que más rind**e. Suena obvio, pero en la práctica no siempre se tiene en cuenta esta recomendación. Los aportes de los que tienen oficio y los que ofrecen la pujanza de la juventud son complementarios, tanto como las miradas desde los distintos enfoques. Todos son fundamentales en la construcción de un proyecto.

Para demostrar este último punto, quiero compartirles otro caso. Hace un tiempo, una petrolera ofrecía un mega premio, muy tentador, a un elegido entre quienes cargaran combustible en sus estaciones de servicio. Siempre atento como consumidor y responsable de una marca, se me ocurrió pedirle detalles del concurso al playero que me estaba atendiendo. "No, no sé, ni idea de eso", fue la desalentadora respuesta.

En ese momento pensé que no basta con apuntar a las grandes acciones si se te escapa el último eslabón de la cadena. El que es imprescindible que sepa de qué se trata la propuesta es quien está en contacto directo con el cliente, no el gerente de Marketing que no interactúa cara a cara con el consumidor. En cualquier iniciativa puede haber roles más o menos importantes, pero todos los involucrados deben ser partícipes.

Talentos, talentos y más talentos

Dentro del manejo de equipos, un ítem fundamental es la preparación de jóvenes profesionales, o estudiantes a punto de recibirse que quieran sumarse a la compañía. Creo que hay unas cuantas similitudes entre el rol de un buen líder corporativo y uno de esos DT que pueden ver el potencial de un jugador solo mirándolo correr.

Un buen líder de una compañía recurre a habilidades para reclutar talentos que se parecen a las que se tienen en cuenta en el mundo del fútbol. Una de las herramientas que suelen aplicar las compañías es ofrecer contratos de dos años en los que los posibles nuevos colaboradores son probados en distintas posiciones, en diferentes áreas. En ese lapso, por ejemplo, observo cómo se desenvuelven en una reunión, con qué preparación van a ese encuentro, cómo se expresan, qué inquietudes demuestran, y me doy cuenta cuando estoy frente a alguien que hace la diferencia.

Como líder hay que prestar atención a las habilidades blandas, no duras, porque si diez candidatos fueron seleccionados para ser contratados entre 5000 aspirantes, es evidente que responden satisfactoriamente a los parámetros profesionales buscados. Son, seguramente, muy buenos en lo suyo. Pero eso no alcanza para que se los considere *talentos*. El diferencial pasa por otro lado, por lo actitudinal, por ver quién pide siempre la pelota, quién sabe repartir el juego, quién mira toda la cancha en un golpe de vista, quién se achica, quién encara las tareas, quién tiene una buena aceleración o bien quién se queda esperando el pase con los brazos en jarra y caminando la cancha.

Claro que a esos talentosos no solo hay que darles la bienvenida sino retenerlos, y a veces no se puede por más esfuerzo que haga el buen líder. En mi caso, soy muy consciente de que grandes colaboradores que han trabajado conmigo se han ido a algunas de las mejores empresas del país, lo que obviamente es una pérdida pero a la vez otorga la satisfacción de presenciar un crecimiento profesional de alguien que uno ayudó a formar. En lo personal, dedico bastante tiempo a la capacitación y formación de los integrantes de los equipos; es un rol que me da mucho placer ejercer.

Sensatez y sentimientos

> *El verdadero perdedor no es aquel que no gana...*
> *El verdadero perdedor es aquel que tiene tanto*
> *miedo a no ganar que ni siquiera lo intenta.*
>
> *PEQUEÑA MISS SUNSHINE* (película de 2006)

La vulnerabilidad tiende a ser percibida como algo negativo porque se la asocia con ser débil. Sin embargo, es al revés: te pone en movimiento para tomar riesgos, para hacer cosas. Es lo movilizador, te otorga afán de búsqueda más allá de tus seguridades. No solo es normal sentirse vulnerable a veces, sino que desde esa sensación nace la fuerza para encarar muchas acciones.

A lo largo de los últimos años, los modelos de liderazgo han cambiado rotundamente. El jefe despótico que era el paradigma de la autoridad hace unas décadas perdió su jerarquía, además de demostrar inseguridad. El respeto, la inclusión, la equidad son valores que cada vez pesan más en el día a día corporativo, no solo por una cuestión de convivencia sana sino porque el que pega cuatro gritos destemplados ahora sencillamente está fuera de época.

Vivimos un momento en el que los límites se resignifican constantemente, a diario. La reconversión digital no es solo la transformación que demanda la masificación del home office, sino que comprende el desafío de un profundo cambio de liderazgo en el que el balance entre lo personal y lo profesional está en permanente debate. A veces puedo tener reuniones laborales en un día feriado, o estoy cenando y alguien me escribe por trabajo y si sé que es importante, respondo. Y lo hago porque del otro lado hay un integrante de mi equipo que necesita feedback. Confío en el criterio de las prioridades y las urgencias.

La actual es una era de confiar, liberar, soltar y fundamentalmente de empatizar. Eso que se dice acerca de ir por la vida con una mochila más liviana también aplica a liderar, porque es vincularse con el otro en esos términos, mucho más genuinos que en el pasado. La vulnerabilidad que mencionábamos al comienzo no es vergonzante sino honesta.

El objetivo es que cada uno dé lo mejor, y el líder tiene que interpretar qué roles asignar. Uno se plantea qué resulta más apropiado: que los integrantes del equipo profundicen lo que saben hacer bien, o desafiarlos a que encaren otras misiones. Todo depende de los objetivos, los plazos, los contextos. Pero resolver esa dualidad conlleva una reflexión que todo buen líder debe ejercer porque nadie puede trabajar cómodo si debe hacerlo todo el tiempo en arenas movedizas. Si alguien tiene habilidad para negociar y lo mando a la línea de montaje, puedo estar estimulándolo a aprender algo nuevo o generándole un estrés gratuito. Ese difícil balance es otra de las tareas que quien está al mando tiene que analizar constantemente.

Una situación que suele repetirse en todos los equipos es que, equivocadamente, recurran al líder en busca de soluciones. En general, los que conducen grupos de trabajo tienen especialistas por áreas en los que se apoyan para monitorear los avances. En mi caso, cada experto lleva el día a día de los temas que le competen. Yo estoy al tanto de las generalidades de todas las cuestiones pero no de los centenares de detalles. Y por eso, cada vez que un integrante viene a mí en busca de una respuesta, aplico mi leit motiv: *Un problema, dos soluciones.*

Cuando alguien se acerca con un conflicto, suelo responder: "Yo te ayudo orientándote acerca de cuál salida creo que es la mejor. Pero tu responsabilidad es traerme los posibles caminos para que los analicemos juntos". Puede ser que decidamos entre los aportados, o que sugiera un plan diferente. Pero como líder aprendí que no podía pasarme días enteros encontrando soluciones a problemas que me eran ajenos porque justamente por algo es que la empresa tiene expertos por áreas. El liderazgo paternalista que todo lo resuelve no sirve.

Lo que sí considero fundamental es la disponibilidad. Dedico mucho tiempo a escuchar, a demostrar real interés aunque esté ocupado. Tal vez respondo que en ese momento no puedo contestar pero que pronto veré la consulta. Con eso bajo la ansiedad pero a la vez le doy entidad a la preocupación del otro. Y, por supuesto, luego cumplo con lo que prometí.

Todo buen líder tiene que ser un catalizador de procesos, un alquimista que revisa constantemente las proporciones. Es responsable de contener, guiar, marcar caminos, facilitar soluciones, tender puentes, ayudar a que las ideas lleguen a buen puerto: hace los ajustes necesarios a los proyectos, consigue los recursos que hagan falta, moviliza contactos y revisa plazos.

Y siempre es el que está a cargo de que cada etapa del proceso se transmita a todo el grupo de trabajo con absoluta claridad.

Gestión de los fracasos

No quiero que el miedo al fracaso me evite hacer lo que realmente me importa.

EMMA WATSON, actriz británica
de la saga de *Harry Potter*

¿Qué pasa cuando fallamos? La respuesta es fácil y compleja a la vez: los fracasos también se gestionan. En primer lugar, la posibilidad de que las cosas no salgan como deseamos no puede impedirnos actuar. Hablamos ya de esto en el Capítulo 1, cuando analizamos la idea de correr riesgos, y dedicaremos un capítulo entero más adelante porque no podemos permitir que el temor nos frene.

Una de las estrategias de gestión de riesgos es analizar todos los elementos y las informaciones de las que disponemos antes de tomar alguna decisión. Ver "la previa" con todos los sentidos alertas.

Cuando por ejemplo organizamos un evento (un lanzamiento de producto o una presentación masiva) tenemos que tenerlo en la cabeza paso a paso antes de que suceda. Si lo visualizamos previamente, podremos alejar la eventualidad de que algo salga mal.

No hay riesgo cero, no existe la garantía absoluta de éxito. Pero sí se puede minimizar la chance de errar el disparo.

Para eso, otra de las herramientas clave es el monitoreo constante del proceso. El chequeo en tiempo real nos permite hacer los ajustes necesarios para resolver los escollos que puedan presentarse aunque hayamos analizado previamente el mapa. Una solución posible es:

- Reunirse todas las semanas para los proyectos de corto plazo
- Reunirse todos los meses para los proyectos de largo plazo

Esta metodología sirve para administrar las velocidades, los descansos, los altos y bajos del camino. Algo es seguro: sin planificación y sin seguimiento, la posibilidad de fracaso es altísima. Y si cumplimos con todos los pasos (estrategia, planificación, monitoreo) y aun así todo el proyecto falla, será un aprendizaje que podremos capitalizar. En la próxima oportunidad evaluaremos distinto, entenderemos por qué no hay que hacer tal cosa y achicaremos el margen de error.

✓ Preguntas para reflexionar sobre este capítulo

1. El modelo de autoridad en que te movés (ya sea como jefe o como colaborador), ¿te hace sentir cómodo? ¿Podés hacer algo para mejorarlo?
2. ¿Creés que podrías prepararte de forma distinta a como lo has venido haciendo para encarar tus próximos desafíos personales?
3. ¿Qué te gustaría cambiar del trabajo con tus pares?
4. ¿Pensás que hay aspectos en la cadena de producción que integrás en los que podrías agregar valor al proceso?
5. ¿Qué aprendizajes rescatás de las tareas que no pudiste llevar a buen puerto? ¿Ya los estás aplicando?
6. ¿Cómo evaluás el valor agregado que aportás en tu labor diaria?

Capítulo 4

Interactuar para vivir

Hable más fuerte que tengo una toalla.
HOMERO SIMPSON, personaje creado
por Matt Groening

En el vínculo entre una marca y sus consumidores, y en las relaciones interpersonales dentro de un equipo de trabajo, pasa lo mismo que en una familia. Si un adolescente tiene que pedirle plata a su papá para salir un sábado a la noche, no le va a convenir hacerlo cuando el padre llegue cansado de trabajar, fastidiado, o esté tratando de arrancar un auto rebelde: probablemente tenga más chances de éxito si lo aborda cuando lo vea relajado, cuando el diálogo se dé en un contexto propicio. Un empleado tampoco encararía al jefe para reclamar un aumento justo cuando el gerente está por entrar a una feroz reunión de directorio.

Esa percepción del entorno, del contexto, pone en juego la inteligencia emocional necesaria para encarar cualquier diálogo. No solo la oportunidad tiene que ser la adecuada sino que el foco de la conversación debe ser relevante para ambos interlocutores.

En comunicación de marca, esto se traduce en un postulado clave: hay que hablar de temas que a la audiencia le interesen. No importa en qué rubro trabajamos, no importa si vendemos ropa, ladrillos o televisores: para que no se trate de un planteo descolgado, se requiere sensibilidad y tener conexión con la realidad.

> *Me gusta escuchar. He aprendido mucho escuchando atentamente.*
>
> ERNEST HEMINGWAY, escritor

Las empresas están obligadas a contar con un termómetro de las sensaciones sociales, del humor de la calle, de por dónde pasa la atención de los consumidores, con un desafío extra: todo es cada vez más fugaz. Y puedo asegurar que lo seguirá siendo en el futuro cercano. No solo se esfuma la capacidad de atención entre tantos y tantos estímulos, sino que las cuestiones que se erigen en el centro de debate se van tapando unas con otras. La velocidad a la que pasan es tan abrumadora que hay que hacer enormes esfuerzos por conservar los reflejos para interactuar con nuestros clientes con el *timing* adecuado.

De lo contrario, la marca va a correr todos los temas desde atrás y no solo será superada por un competidor con mejor gimnasia sino que ocurrirá algo peor: quedará fuera de la conversación social.

La ventana de oportunidad para llamar la atención es muy chica y hay que saber ocupar los espacios estratégicamente. En esa fugacidad una compañía puede convertirse en tema de conversación sin quererlo, y pagar muy caro las consecuencias.

Activismo de marca

Ese pulso para entender lo que está pasando y ese don para la ubicuidad suma otros desafíos hoy en día. Los consumidores de las nuevas generaciones requieren de marcas comprometidas que tomen posición, que levanten banderas sociales, incluso en acciones que pueden llegar a ir en contra del negocio.

Veamos un ejemplo: hacer cajas sustentables es menos práctico, y más costoso, que trabajar con embalajes descartables. Pero las marcas no pueden hacer oídos sordos, como los de Homero Simpson, a esta clase de demandas de sus públicos. La manta es cada vez más corta y no basta con decir que una compañía es ecológica: tiene que serlo.

Tomar posición sobre determinado tema siempre deja la mitad del cuerpo descubierto y eso a las marcas suele provocarles algún temor porque desde el marketing uno busca, por instinto, dejar contentas a todas las audiencias. Bueno, no se puede porque las marcas multitarget no existen o están condenadas al fracaso, si pensamos abordarlas con un mensaje único. Las compañías están educadas para satisfacer al universo de clientes pero enfrente tienen un abanico de ideas, tantas como personas existen, y por eso siempre habrá alguien que no acuerde con nuestra mirada. Pero eso jamás debe cambiar nuestro objetivo, que es pararnos en un lugar y sostenerlo. Porque cuando uno no es coherente entre lo que dice y lo que hace, las redes sociales, primero y los consumidores y clientes después, nos dejan en offside en 10 segundos. No es solo la velocidad de interacción que deparan esas herramientas de comunicación masiva sino que bajó el nivel de tolerancia de las audiencias. El malestar es casi instantáneo.

> *Si haces que los clientes estén disconformes en el mundo físico, cada uno podría contarle a 6 amigos. Si haces que los clientes estén descontentos en el mundo online, cada uno puede contarle a 6.000 personas.*
>
> JEFF BEZOS, creador de Amazon

En el caso de Noblex, la escucha atenta era una exigencia cotidiana porque teníamos que entender por dónde pasaba el diálogo con la audiencia. *Retuiteábamos* estratégicamente muchos de los contenidos que la gente creaba, porque el nuestro fue un *storytelling* co-construido entre la marca y la gente. Pero no abríamos esa puerta y nos sentábamos a rezar: analizábamos cada paso de la conversación. Quisiera detenerme en la relevancia del storytelling, y la importancia de que las marcas –y las personas– desarrollen contenidos y generen una narrativa sobre historias que deseen contar. Estos relatos tienen como finalidad generar atractivo para sus audiencias.

Cuando presentamos la campaña de **El Gerente de Noblex** (en aquel momento llamada Super Promo Eliminatorias), nos sorprendió mucho la capacidad de respuesta de la gente, la cantidad de memes, los videos que deparó el ingenio popular. Y se dio un efecto dominó, porque se retroalimentaba con los medios, los humoristas, los influencers. Hasta los canales de noticias hablaban de la campaña. Fue un tsunami y hubo que saber aprovechar la fuerza de la ola como se utiliza en las artes marciales: usarla a favor nuestro.

Desarrollamos no activación de marca sino *activismo de marca,* que es llevar a la práctica lo que se enuncia. Hoy, la reputación de las compañías está bien lejos de los viejos conceptos de prestigio porque los valores apreciados por la gente cambiaron.

A los jóvenes no les importa que un banco tenga 150 años de historia, filiales en 80 países o que sea sólido porque eso lo descuentan, lo dan por hecho. Imaginan por default que tiene respaldo. Lo que quieren ahora es que les dé buen servicio, que los reconozca como clientes, que los atienda rápido, que cuente con empleados ágiles y si es posible nunca tener que ir a la sucursal.

Hay marcas con alcance global de las cuales uno puede comprar un producto en Europa y, si es necesario, devolverlo o cambiarlo en una sucursal de EEUU. Eso es sencillamente genial porque una marca que derriba fronteras y les resuelve los problemas a los consumidores es lo que la gente valora.

Décadas atrás, un laboratorio alemán popularizó un slogan en Argentina: "Si es Bayer es bueno". Más cerca en el tiempo, el dueño de una marca de pan lactal sentenciaba: "Yo, Carlos Sacaan, lo garantizo". Considero que hoy en día este recurso no serviría porque lo declarativo no tiene valor. Lo empírico es clave, ver para creer. La experiencia del cliente se muestra en los hechos porque el consumidor es cada vez menos ingenuo y tiene menos tolerancia a los fiascos.

Pero además las nuevas generaciones compran de otro modo. Llegan muy informadas al punto de venta, consumen con conocimiento y habiendo visto ya *reviews* de influencers, deportistas o músicos que son personas, pero se comportan como medios de comunicación.

Un detalle no menor: no solo hay que mirar hacia afuera. Entre la audiencia no podemos descuidar nunca a nuestro público interno. Si la empresa va a hacer un lanzamiento, los empleados no pueden enterarse por su tía, que lo vio en la tele. El día anterior, o al menos un par de horas antes, todo el staff debe estar al tanto de lo que se va a presentar.

Billetera mata galán, y la estrategia vence a la intuición

El peso de los datos es central en el análisis de las redes sociales y sus resultados porque hay que optimizar el rendimiento de los presupuestos y las pautas. Pero a quienes dicen que en las redes sociales todo se puede medir y que las habilidades blandas no cuentan, les recomendaría eliminar sus departamentos de Marketing, armar un equipo de técnicos e ingenieros que tomen las decisiones y que luego nos cuenten su experiencia: hay un conocimiento del consumidor, una metodología de abordaje, un desarrollo de contenidos que no lo pueden resolver un bot ni dos planillas de excel.

La marca puede elegir pagar un aviso en un diario en el que se vea una TV apagada y un precio. O puede decidirse a contar una historia, con la posibilidad de equivocarse, de no gustarle a todos. En el primer caso, no corre riesgos pero, claro, no le va a mover ninguna fibra a nadie. En el segundo, puede errar el disparo, o conseguir un éxito memorable durante décadas.

Hay mucho que aprender y siempre hay grandes cosas ahí afuera. Incluso los errores pueden ser maravillosos.

Robin Williams, actor

Para el último partido de las Eliminatorias para el Mundial de Rusia –aquel que le dio la clasificación a Argentina–, teníamos desarrollados diversos escenarios y contábamos con material, memes y tuits bastante sofisticados, bien producidos. Sin embargo, en un momento clave del partido, el *community manager* me propuso dejar eso de lado y salir con un tuit básico: una G, 138 letras O y una L. Decía: GOOOOOOOOOOOOOOOOOOOOOOOOO OOOOOOOOOOOOOOOOOOOOOOOOOOOOOOOO OOOOOOOOOOOOOOOOOOOOOOOOOOOOOOOO OOOOOOOOOOOOOOOOOOOOOOOOOOOOOOOO OOOOOOOOOOOOOOOOOOOOOOOL.

A priori, para mí era una idea demasiado simple. No la veía atractiva. Sin embargo, fue un grito de desahogo que alcanzó muchos más retuits que las noticias políticas más importantes del momento. Resultó tan efectivo que Twitter lo incorporó como *benchmark* y fue utilizado como caso de éxito en el Festival de Cannes 2018.

El tema de las redes nos sorprendió. Habíamos salido a hablarle a los consumidores en vía pública con afiches, en avisos impresos en los principales medios de comunicación y en TV abierta desde el programa de Tinelli, pero la gente nos respondía con memes, en el mundo virtual.

Nos sacaron de la cancha, y tuvimos que disimular que pese a haber planeado escenarios A, B, C y D, no teníamos un Departamento de redes sociales. La gente tomó el control de la promo, fue una co-creación porque la verdad es que los clientes fueron una usina creativa y nosotros la guiamos. De los aproximadamente 2000 memes que se generaron, solo 5 salieron de la compañía. Retuiteábamos lo que hacía la gente, que mostraba al gerente festejando como un loco.

Hace dos años, mucho después de haber terminado con la campaña, volvimos sobre ella y creamos el *Manual de estilo y perfil del Gerente de Noblex*, un trabajo de marketing en el que decimos qué hace y qué no hace el personaje. Era necesario porque el que habíamos generado no era un contenido convencional y era importante dejar por escrito que esta figura podía invitarte a pelear, por ejemplo.

En uno de los pocos memes que armamos, invitaba a alguien que lo había desafiado a encontrarse en "La Habana y Segurola", esquina histórica del barrio porteño de Devoto donde vivió Diego Maradona y donde el crack exhortaba a sus enemigos a dirimir con los puños sus discusiones. Ese Manual fue parte del aprendizaje que nos dejó la campaña.

El humor como lubricante

Un hombre sin una sonrisa en la cara no debería abrir una tienda.

PROVERBIO CHINO

La primera capa en el vínculo con nuestras audiencias es la humanización. Las marcas a las que los consumidores escuchan son las que no solo les hablan de los temas que les interesan sino acerca de lo que esos públicos quieren, se enfocan en sus objetivos. A la gente puede interesarle comprar leche y a mí puede servirme venderla en botellones de 2 litros porque ahorro en envases, pero al cliente eso no le sirve porque necesita sachets de un litro. La clave es ofrecer soluciones concretas y relevantes.

La segunda capa de esa interacción es el humor, una de las formas que tienen las marcas para, ya humanizadas, mostrarse reales. En ese plano, el objetivo tiene que ser comunicarse como lo hacen entre sí los amigos. Hace 50 años, Marlboro mostraba un jinete norteamericano recio, exótico, lejano y aventurero. Ahora las marcas se esfuerzan por acompañar a sus consumidores a un recital, compartir experiencias codo a codo, desacartonadamente.

Pero el humor es una herramienta con marcos muy finitos, y más en estos tiempos en los que la sensibilidad está a flor de piel y el sentirse ofendido está a la orden del día. El humor es una gran llave y un atajo maravilloso para conquistar corazones, aunque tiene riesgos y hay que usarlo con cuidado.

El secreto para dosificarlo es el tacto. Hay momentos en que determinados chistes caen simpáticos, y otros en los que son imposibles de hacer porque el humor social no los toleraría. Sucede lo mismo que nos pasa en una reunión: el contexto marca cuando un comentario o una actitud está fuera de lugar. Hay que saber interpretar a la audiencia para que el diálogo fluya. Y a veces eso implica saber cuándo callar, acción muy difícil para las marcas.

Una de las estrategias para hacer un buen uso del humor es trabajar en no perder las riendas de la conversación. Encontrar el tono preciso, y mantenerlo. En el caso de Noblex, la creación del personaje del Gerente fue un hallazgo que nos permitió el humor como válvula de escape, como recurso para decir muchas cosas que la marca jamás hubiera podido expresar. No tenía un espacio de acción infinito pero sí más amplio que el de la compañía.

El mundo es de los convencidos

> *Es muy importante contar con un círculo de* feedback *en el que constantemente pienses en lo que has hecho y en cómo podrías hacerlo mejor.*
>
> ELON MUSK, innovador

En la comunicación tiene que haber estrategia. Volviendo al caso de un pedido de sueldo a mi jefe, una vez que encontré el lugar adecuado y la oportunidad propicia, tengo que encararlo con cierta preparación. Debo pensar cómo le hago el planteo, si voy con argumentos emotivos, si lo amenazo con renunciar. Y, finalmente, tengo que tener previsto cuánto le quiero solicitar porque de lo contrario puede ocurrir que me ofrezca vouchers para cargar nafta… y yo no tenga auto.

Cuando uno toma una posición –y ya hemos visto lo fundamental que es no ser un flan– por definición va a haber olas. Poner el piloto automático para aguantar un 0 a 0 nos hará durar, pero no distinguirnos ante la competencia, recortarnos como opciones diferentes. Si la vida personal es demasiado corta para postergar los deseos, la de las marcas es más fugaz aún.

Las corporaciones tienen la obligación de promover acciones disruptivas, innovadoras, y no quedarse en lo menos peligroso. Como ya mencioné, en Noblex tuvimos la valentía de meter el dedo en la llaga, y nos involucramos con una pasión sagrada de los argentinos como lo es el fútbol.

No fue por irracionales sino por romper los moldes, porque las fórmulas cambian todo el tiempo. Ni siquiera Coca-Cola comunica ahora del modo en que lo hacía unos pocos años atrás. Pero ese paso hay que darlo no por rebeldía hueca sino con convicción, con conocimiento del terreno y con confianza en lo que haremos.

> *Si (el DT Lionel) Scaloni dice "Buenas noches" a las 10 de la mañana, para nosotros es de noche.*
> RODRIGO DE PAUL, jugador de la Selección
> Argentina de Fútbol

Condenados al éxito

Se habla mucho de cómo sobreponerse a un fracaso, de cómo sobrellevar las consecuencias de algo que no salió bien, pero creo que hay que prestar atención a su contracara: aprovechar el éxito.

Para eso sirve confiar en la visualización, repasar el recorrido con mirada de 360° hasta encontrar qué otro jugo le podemos sacar a la naranja ya exprimida.

Entre la lista de *spins off* de un éxito aparecen los formatos múltiples de un producto: que algo consagrado se exprese en otro volumen. Pero también es fundamental cruzar ese logro con otras categorías. Por ejemplo: si el artículo que vendo en lugar de un electrodoméstico fuera una cartera, ¿qué inspiración encuentro entre las marcas de esa categoría para explotar su potencial? Extrapolar esas experiencias suma. ¿Cómo serían mis vidrieras, mi sitio web, los posteos de mis influencers si yo vendiera autos en lugar de zapatillas?

Otra herramienta útil para que un éxito se estire es documentarlo. En la vorágine del camino uno a veces no repara en el detalle de ir recabando información, el paso a paso, porque sucede demasiado, todo ocurre muy rápido y uno debe ir atendiendo múltiples demandas.

Pero si se produce el éxito, ya no habrá modo de reconstruir ese día a día y es muy probable que cada etapa del proceso sea el germen de una idea en sí misma, de un nuevo camino para desarrollar, de una lógica narrativa que se abre como en abanico. Por eso hay que documentarlo en un registro, como materia prima a poner en un futuro trampolín.

> *Hagas lo que hagas, hazlo tan bien como para que tus clientes vuelvan, y para que además traigan a sus amigos.*
>
> WALT DISNEY, fundador de un imperio del entretenimiento

✓ Preguntas para reflexionar sobre este capítulo

1. Cuando debés comunicar una decisión, un proyecto o un pedido, ¿tenés en cuenta el contexto y la situación de tu interlocutor?
2. ¿Cómo diferencia tu marca las estrategias de interacción con tus consumidores para el mundo offline y el online?

3. ¿Qué tareas específicas lleva a cabo tu compañía en redes sociales para vincularse de manera más cercana con sus clientes?

4. ¿De qué modo diferente se relaciona tu marca con sus audiencias según sus edades? ¿Qué recaudos toma tu empresa para dirigirse a públicos millennials o Z?

5. ¿Podés imaginar tres abordajes para tu comunicación de marca que incluyan la herramienta del humor?

6. Una vez que tu marca consigue un logro, ¿qué acciones encarás para potenciar ese éxito?

7. ¿Cuál es el territorio de tu marca para diseñar una historia que interactúe con las audiencias?

Capítulo 5

Narraciones extraordinarias

Siempre da más de lo que esperan de vos.
LARRY PAGE, ingeniero en computación
y cofundador de Google

Por cuidar el presupuesto, congraciarse con los accionistas, no tener que dar explicaciones o ir a lo supuestamente seguro, muchas marcas pierden la capacidad de sorprender. El asombro es una emoción muy valiosa, y si no nos animamos a despertarla en nuestro interlocutor, nuestra audiencia, nuestros clientes, estamos desperdiciando una oportunidad de llegada.

Para avanzar y cumplir con los objetivos, las empresas, como las personas, necesitan una dosis de valentía, de coraje y de intuición bien aplicada.

Nadie tiene garantizado el éxito ni hay fórmulas mágicas. Nunca hubo, pero hoy en día, mucho menos. El mundo está cambiando a un ritmo tal que no sirve apelar a manuales escritos porque quedan vencidos en el tiempo en que salen de la imprenta. Es por eso que a menudo las corazonadas –que no deberían ser brotes descabellados, arranques caprichosos, sino estar basadas en la experiencia, en lo que uno aprendió, en el olfato de lo que nos enseñó nuestra trayectoria– nos indican qué camino seguir.

Hay que escuchar nuestra intuición. Toda información sirve y suma, son útiles los datos y fantásticas las encuestas. Pero no podemos convertirnos en un robot que ejecuta lo que dicen las métricas o los focus groups. Hay que aplicar esos *inputs* pero pasándolos por el tamiz de las ideas frescas.

En mi carrera he llevado adelante campañas muy disruptivas, originales, que han provocado que me llamen desde varias agencias de publicidad, interesadas en trabajar con marcas que gerencio.

¿Qué las atrae? El valor y el respeto que les damos a las ideas, los espacios que abrimos a la creatividad. Otras marcas suelen pedir y esperar resultados más convencionales, que apunten más concretamente a las ventas. Impacto directo, como se le dice en la jerga marketinera. Quizá no se comprende la necesidad de generar primero un vínculo con las audiencias. Y que esa relación será la que en definitiva haga que nos elijan.

Nosotros, en cambio, apostamos por un terreno fértil para escuchar propuestas distintas, que otros anunciantes tal vez desecharían.

Creemos en la creatividad aplicada, y eso es mucho más que hacer avisos. Buscamos soluciones alternativas a problemas de negocios, y por eso apelamos a agencias modernas que interpreten y se involucren en las necesidades comerciales de la compañía, en sentido amplio.

Cada vez hay menos tiempo y menos recursos para hacer un aviso divertido que quede ahí, que sea un guiño para nuestros clientes, porque hay premura por obtener resultados comerciales. Entonces, para conjugar lo emocional con lo comercial hay que encarar las ideas con criterio integral, y permitirse pensar: ¿conviene rever el packaging, hacer un abordaje distinto del producto, presentarlo de modo innovador, o simplemente hay que comunicar un lanzamiento más?

La mirada fresca y no exclusivamente publicitaria de una agencia es un punto de partida generoso desde el cual buscar opciones. No es fácil pelear esa postura internamente porque en el seno de más de una empresa existe el prejuicio de que si uno se junta con creativos o expertos en ideas va a perder el tiempo, delirar con imposibles, hacerse el artista.

Sin embargo, una buena agencia no trabaja para ganar premios. Hay en ella un acercamiento a las necesidades del cliente, la comprensión del negocio, un compromiso. Si el resultado arrasa en el Festival de Cannes, genial. Pero está claro que las agencias valiosas van a sacrificar galardones en pos de lo que le sirve al cliente y su negocio. De eso no tengo dudas.

¿Cuál es la columna vertebral para hablar ese idioma común entre empresa y agencia hacia un camino de éxito compartido? Un buen *brief*. Amplio, generoso y a la vez concreto. Si yo como empresa me acerco a la agencia y le pido: *Hagan un aviso porque queremos vender un televisor para el Mundial,* lo que surja seguramente no va a ser tan a medida como si mi planteo fuera: *Queremos vender este producto, en el contexto X, entre tal día y tal día, ofreciendo esta forma de pago específica y sin olvidarnos de los detalles X y Z.*

En el segundo caso, al mostrarnos precisos y a la vez abiertos, estamos preparando el terreno para buenas ideas. Es muy posible que así en el propio *brief* esté la solución, la punta del ovillo que le permita a los creativos serlo.

Si la agencia tiene el fuego sagrado necesario, el volcán estalla porque uno de los reclamos por parte de los publicitarios es "quiero clientes que me den la posibilidad de desarrollar conceptos originales, que no me obliguen a un *copy paste,* que no se conformen con reproducir en idioma local un aviso de la casa matriz". Odian los *patterns,* otra palabra de la jerga marketinera.

Para que una agencia juegue en el fleje tiene que trabajar para un cliente que se lo permita y que la incentive a buscar más allá.

Un modo de potenciar esa creatividad y retroalimentar la comunicación empresa-agencia es correr el arco. En mi tarea cotidiana, escucho, leo, miro muchos casos de éxito del exterior, de todos los rubros. Si incorporamos con flexibilidad ese conocimiento, las ideas se multiplican.

> *Hay un momento en que todos los obstáculos se derrumban, todos los conflictos se apartan y a uno se le ocurren cosas que no había soñado. Eso es la inspiración.*
>
> GABRIEL GARCÍA MÁRQUEZ,
> escritor colombiano

Are you talking to me?

Siempre digo, e incluso lo mencioné antes en este libro, que el Chief Marketing Officer (CMO) de una compañía, es decir, el responsable de las acciones de marketing, tiene que oficiar de ombudsman, un mediador entre dos lenguajes distintos que deben interactuar: el que se habla puertas adentro de la empresa y el que usa el consumidor para expresarse.

Ese diálogo tiene que ser posible aunque los idiomas sean diferentes, y por eso el CMO debe ocuparse de que ambas partes se entiendan. Es un adaptador.

El consumidor, idealmente, desearía comprar el producto con garantía de por vida. Por su parte, la empresa sabe que es imposible sostener los números corporativos de ese modo. Por eso, el responsable de Marketing tiene que encontrar la forma de hallar un punto de acuerdo entre ambos intereses.

Les comparto un ejemplo que puede ilustrar esto: los accionistas de una cadena de hamburguesas quieren subir un 10% las ventas; el CMO es quien ejecuta esa orden, con esta premisa: "Para subir un 10% las ventas tenemos que lanzar un producto nuevo. Pero tienen que ser hamburguesas veganas".

El CMO es la bisagra entre lo que se necesita y lo que conviene hacer. Su misión es que la tarea fluya aunque traducir los idiomas de las partes implique un desgaste, a veces más que el deseado y soportable. Es lo que da sentido a su trabajo. De lo contrario se vuelve un pasapapeles, un aplicador de sellos de goma que no agrega valor alguno.

Una meta sin un plan es solo un deseo.

ANTOINE DE SAINT-EXUPÉRY,
escritor y aviador francés.
Autor de *El Principito*

En ese camino hacia la materialización de la creatividad resulta indispensable la planificación. Cuando algún colaborador se me acerca con una idea, intento no desalentarlo aunque sienta, a priori, que la propuesta no aplica. Le dedico bastante tiempo a tratar de encontrarle la vuelta. Demuestro interés, lo cual siempre es motivador, pero sobre todo le doy espacio a que me explique cómo llegó a esa idea porque, en primer lugar, debo entenderla. A lo mejor no estoy viendo un camino atractivo y hay que darle el marco para que me lo muestre. En segundo lugar, si la propuesta es inconducente le ofrezco pensarla juntos porque si llegamos a dúo a esa conclusión es más útil que si se lo digo yo.

Si alguien me viene con un *Qué te parece si auspiciamos a Equis,* debemos preguntarnos: ¿Tenemos los recursos financieros para desarrollar esa idea? ¿Disponemos del tiempo para llevarla a cabo? ¿Contamos con el capital humano necesario? ¿Hay indicios de que podríamos obtener los resultados adecuados? ¿Existe internamente la energía suficiente para encararlo? ¿La empresa pondera este aporte de valor?

La clave es acompañar al que trae una idea, y eso incluye que –más allá de que se la enriquezca con otras voces– hay que reconocer su autoría. El espíritu de este proyecto fue de Carlos, aunque Raúl sumó tal mejora. Ese reconocimiento delante del resto del equipo, por más que la idea original haya ido mutando a lo largo del proceso, es vital. ¿Por qué? Primero porque apoya la creatividad del autor. Si la idea es de nadie, en la próxima oportunidad para qué esforzarse. Que se comprometa el de al lado, si total será un logro del grupo. Pero además porque estimula a que Pedro también traiga propuestas, lo desafía; y finalmente porque muestra en los hechos que la idea más valiosa es siempre la mejor, no necesariamente la mía.

Si objetivamente la mesa de trabajo dice que lo que ofrece un panorama más atractivo es la propuesta de otro, hay que guardar el ego en el bolsillo y acompañar. Muchas veces una idea nos llega porque viene a satisfacer la necesidad de una persona de dar valor agregado a su trabajo, de sentirse útil, de responder a una demanda profesional personal. Si uno como líder de equipo no reconoce esa chispa, el colaborador no vuelve a encender el motor.

En contextos desafiantes, motivar a los equipos adquiere importancia extra. Adhiero a ese concepto de que los argentinos estamos preparados para sobrevivir en Marte y que tenemos una capacidad de resiliencia mayor al promedio de la humanidad. Ante la adversidad, aflora de manera innata en al menos la mayoría de nosotros un talento especial, un ingenio increíble y unas ganas notables de volver a ponerse de pie.

Sobran las muestras. Planificar el año de una empresa con una inflación que ni siquiera se sabe cuál será, en otros lugares del mundo es imposible. Los ejecutivos se paralizan. Acá, en lugar de piel tenemos cuero y lo hacemos igual. Se encuentra la forma, y las compañías incluso ganan plata.

Hubo multinacionales que cerraron sus oficinas en Buenos Aires porque no tenían modo de explicar a sus casas matrices por qué debían exportar pescado para fabricar electrodomésticos. En Argentina adaptamos el darwinismo y sobrevive el más flexible.

> *Planifique siempre. No llovía cuando Noé construyó el arca.*
>
> RICHARD CUSHING,
> arzobispo de Boston que impulsó la creación
> de decenas de escuelas

En marcos inestables o en aguas calmas, la creatividad es una herramienta indispensable. En lo personal, me interesa especialmente, me capacité al respecto y creo que hay modo de potenciarla. Muchas veces me fui a dormir pensando en un problema y me levanté con la solución. Eso tiene que ver con la habilidad de convivir con el dilema, sin que te atormente pero mirándolo desde diferentes perspectivas porque es posible que, desde un costado, se destrabe.

La creatividad también tiene un desarrollo. No se trata de disparar una idea tras otra sino plantear una, analizar, seleccionar, reflexionar si conviene ir por acá, agregar un aporte, recalcular, ofrecer otra salida.

Es el flujo de la convergencia-divergencia. Hay que afinar el lápiz permanentemente porque una vez redondeada la propuesta inicial, empiezan a pesar las otras variables: tiempo, recursos humanos, presupuesto. La creatividad tiene la misma lógica que la física: "A menor superficie, mayor presión", o sea que cuanto más precisos seamos con el mensaje, más calará en la audiencia.

El líder de un equipo tiene que echar luz sobre ese sendero, ayudar a sus colaboradores a gestionar el problema y luego monitorearlo. El seguimiento es indispensable: ver fortalezas, puntos débiles que hay que atender, aportes que podrían sumar y, sobre todo, guiar el mantenimiento del ritmo. Que no se corte.

Un mundo de sensaciones

Otro factor central para acrecentar las ventas es poner el foco en la experiencia. En Starbucks, en Jackie Smith, en Apple no hay solo un intercambio transaccional, un tomá esta plata, vos tomá este producto. Hay una vivencia, un disfrute del entorno, una experiencia. El café puede no ser el más rico, las carteras pueden no ser las más duraderas, los celulares pueden no ser baratos. Pero en el ejemplo de estos tres lugares hay un valor agregado en el servicio, y eso se traduce en ganas de quedarse y en un buen recuerdo de compra.

La experiencia está en relación directa con la empatía, con las sensaciones que nuestra marca despierta en el consumidor. ¿Y cómo saber qué fibras tocar? Viviendo con las antenas prendidas, conectado con la realidad.

Ese estar despabilado implica no solo la escucha atenta en redes sociales sino la lectura de los diarios, mirar los noticieros en TV, oír la radio, entender por dónde pasa el interés popular en cada momento. Una marca puede sacar mucho provecho si se sube a un tema de conversación.

Por ejemplo, pensemos en el caso de Lionel Messi usando, para homenajear a Diego Maradona, una camiseta de Newell's, el equipo de Rosario. En todos los diarios del mundo se mostró la foto de esa espalda, en la que se veía como sponsor a una marca argentina relacionada con la movilidad. Sin afectar temas de derechos de imagen de Messi, la empresa podría haber hecho un guiño al consumidor. Es cuestión de tener reflejos, de reaccionar cuando la realidad nos tira una soga y nos da la chance de mostrarnos como una marca activa, conectada con la sociedad y sus momentos.

Salvando las distancias, es similar a lo que sucede cuando un jefe me cruza y me pregunta: "¿Cómo anda Tomi?". Posiblemente no le interesen las aventuras de ese chico, que es mi hijo, pero ese gesto de atención y de conexión suma valor al vínculo.

¿Y hacia dónde van las relaciones entre los consumidores y las marcas? Sin dudas, hacia un encuentro más natural, orgánico, más cercano, en el que la experiencia es el centro. La generación de contenidos es el vehículo para llegar al cliente a través de una comunicación que cada vez se aleja más de la publicidad tradicional que conocimos durante el siglo pasado.

Tiempo atrás Iberia hizo una encuesta de satisfacción del cliente que no daba bien. Los pasajeros mayoritariamente se quejaban de que tardaban muchísimo tiempo en salir del aeropuerto. ¿Qué tenía que ver la línea aérea con ese problema? Nada. Pero los consumidores asociaban esa demora al vuelo, y había sido Iberia quien los había embarcado. Entendían que la experiencia finalizaba cuando llegaban al domicilio de destino. No importaba que la compañía tuviera tripulantes de cabina con diversidad de género, buena comida, distancia suficiente entre los asientos. No alcanzaba. La experiencia dejaba un sabor amargo.

Wanama es una tienda de indumentaria, pero en algún momento había puesto un barcito dentro del local de ropa que enriquecía su propuesta. Vale esa búsqueda por proponer un producto más integral, por pensar qué está deseando el cliente. ¿Quiere solo un jean, un espacio donde relajarse un rato después de comprar o un lugar donde encontrarse con una amiga para luego elegir prendas juntas?

Tengan un sesgo hacia la acción. Pueden dividir ese gran plan en pequeños pasos y dar el primero de inmediato.

INDIRA GANDHI,
ex Primera Ministra de la India

Lo central es que nuestra marca no sea *zombie* (mitad muerto, mitad vivo), que no camine como autómata, sin sentido. Lo mismo podría aplicar a nuestra vida.

Una marca tiene que mantener siempre un ojo en lo que el consumidor quiere. Pero debe hacerlo no pegando manotazos de ahogado sino con sentido del *timing*.

Muchas veces se dice que las oportunidades van y vienen. Bueno, no. En un mundo tan inestable, si tenemos que hacer una promoción mundialista hagámosla ahora, en este Mundial, porque nadie puede asegurar que haya otro, ni que sea en cuatro años. Si identificamos una oportunidad, no la dejemos pasar. Es como sucede en el ajedrez: si mi rival toca el reloj, DEBO mover. Si no juego, pierdo seguro. Si hago una mala movida a lo mejor también pierdo, pero está claro que lo único que no puedo hacer es no jugar.

Secretos para acrecentar la creatividad

Lo primero que quiero decir al respecto es que lamento desilusionarlos y desilusionarlas, pero nadie los va a percibir de la noche a la mañana como personas geniales. El respeto se gana paso a paso, trabajo tras trabajo, con *baby steps*. La vida, al igual que la carrera profesional, es una maratón, no un sprint de 100 metros.

Cada ladrillo suma para levantar el edificio de nuestra reputación profesional.

Uno tiene el impulso muchas veces de quemar las naves, de ir por el golazo de mitad de cancha. Hay que mostrar resultados, claro, pero saber que demandan tiempo. Y sobre todo que exigen una estrategia gradual. No se logran cambios grandes en un chasquido de dedos. Primero hay que exhibir gestión, y para eso debemos alcanzar objetivos chicos. Se avanza por acumulación de logros: poner en orden un proyecto, estabilizar el presupuesto, liderar un equipo son tareas que de a poco van enderezando la nave, nos dan autoconfianza y nos generan crédito ante los demás.

Es muy común que, si cambiamos de trabajo o si llega al nuestro un jefe nuevo, empecemos a sentir la presión interna por aprobar un examen, demostrar nuestra capacidad. Tranquilo, tranquila. Los resultados se ven en la cancha, no en el curriculum. Primero trabajemos en los *quick wins*.

> *Nuestros objetivos solo se pueden alcanzar a través de un plan, en el cual debemos creer fervientemente y sobre el cual debemos actuar vigorosamente. No hay otra ruta hacia el éxito.*
>
> PABLO PICASSO, pintor

No es necesario rizar el rulo. Más de una vez nos enroscamos pensando en soluciones complejas, cuando basta con salidas simples. Les cuento un caso. En el Mundial de Sudáfrica, 2010, visité en Johannesburgo una tienda departamental en la que a la salida hacían la encuesta de experiencia de compra más genial de la historia: habían instalado un tótem con un semáforo. Si apretabas el color verde, te habías sentido cómodo; el amarillo indicaba que habías encontrado algunos puntos a mejorar, y el rojo que no pensabas volver.

Luego, esa metodología se expandió y hoy suena a recurso básico y que se puede encontrar con facilidad, pero hace 12 años era una muy buena síntesis. Sin entrevista y sin perseguir al cliente, podías tener un testeo confiable solo invitándolo a estirar el brazo.

Hablando de viajar, una estrategia para conseguir resultados positivos es buscar inspiración en otros segmentos, otras ideas, otros rubros, otros países. Lo interesante de este planteo es que si prestamos atención podemos enriquecernos no solo laboralmente. Cuando me voy para pasear y descansar, siempre trato de que me quede algo para sumar a mis vínculos, ya sea hacia mis hijos, mi pareja, mis amigos. Algo que me sirva, para compartir grandes momentos, incorporar nuevas experiencias, acrecentar los afectos o simplemente para hacer mejores asados.

Esa manera de ver qué aprendizaje podemos incorporar para crecer como personas por supuesto que tiene su correlato en lo profesional. Durante años, las ideas de León Najnudel (DT de básquet en el club porteño Ferrocarril Oeste y uno de los creadores de la Liga Nacional) eran aplicadas exitosamente … por el DT del equipo de fútbol, Carlos Timoteo Griguol. Las estrategias de un deporte podrían ser útiles en otro.

Con esta lógica de intercambiar elementos de dos universos, durante una de mis salidas a correr (actividad que siento que me oxigena el cerebro), pensé que podía ser buena idea convocar a un *dream team* de creativos de distintas agencias para trabajar con la marca Atma, que pertenece al grupo Newsan. En esa sesión de *running* compuse en mi cabeza esa "selección" de creativos (basándome en el concepto de armar el mejor combinado, tal como se hace en las selecciones deportivas), un experimento de laboratorio que buscaba tener un formato original y dinámica disruptiva tomando lo mejor de cada perfil.

Fue una experiencia única. Enriquecedora. No fue fácil, en algunos momentos hubo que administrar egos, pero finalmente salió un proyecto hermoso: en plena pandemia de Covid-19 instalamos en 20 hospitales porteños "Contenedores para los que nos contienen". Allí, médicos y personal de salud podían disponer de un espacio de descanso, equipado con electrodomésticos para tomar un café, calentar una comida o refrescarse con una bebida fría, en momentos de alta demanda y stress cuando ni siquiera volvían a sus casas para no contagiar a sus familiares con el coronavirus. Fue una salida alternativa para mirar el desafío con ojos de equipo.

Les comparto otra idea que está, creo, entre las más lindas que pude concretar: queríamos reconectar la marca Siam con los consumidores. Podríamos haber impulsado la venta de heladeras con algún gancho nuevo, pero sentíamos que no bastaba con cambiar la manija o incorporar algún detalle innovador. Queríamos otro abordaje.

Y entonces pensé que, dado que todas las que vendíamos eran plateadas o blancas, si les sumábamos una dosis de color podían llamar mucho la atención.

Así fue que decidimos intervenirlas en alianza con Romero Britto, el artista pop brasileño que hace obras muy alegres. Llegamos a él tras hacer un *scouting* entre varios artistas plásticos, analizando cuál era la mejor alternativa de alianza. Romero vive en Miami y fuimos allí a sellar el acuerdo para hacer una edición limitada de su arte, popular y muy marketinero. Llenamos de color toda la ciudad, no solo las heladeras, porque salimos con una gráfica muy linda y atractiva para vía pública.

Llevamos el arte a la casa de la gente. Nuevamente conectamos dos mundos: el arte con los electrodomésticos. Esa fue otra idea surgida en mi rutina de running.

> *Si no sales de la caja en la que has sido criado,*
> *no entenderás cuánto más grande es el mundo.*
>
> ANGELINA JOLIE, actriz y activista por los
> derechos humanos

✓ Preguntas para reflexionar sobre este capítulo

1. ¿En qué proyecto de los que tenés entre manos sentís que puede haber espacio para pensar ideas alternativas?
2. ¿Creés que en tu vida en general le das lugar suficiente a la intuición?
3. ¿Estás sacándole todo el jugo posible a tu creatividad? ¿Te interesa capacitarte o buscar inspiración para potenciarla?
4. ¿Motivás a tu equipo de trabajo a que te acerque soluciones y tratás de acompañar los procesos?
5. ¿Podrías ser un mejor "traductor" entre los lenguajes de dos interlocutores, en pos de una idea común?

Capítulo 6

Grandes éxitos

El fracaso es, a veces, más fructífero que el éxito.
Henry Ford, empresario norteamericano

La campaña del Gerente de Noblex habla de la latencia permanente del fracaso, del riesgo que implicaba caminar por el borde del precipicio, de estar expuesto a que alguien lo soplara y lo hiciera caer. El personaje y la marca se ubicaban en la proximidad de fallar… pero justamente desde ahí se construyó la fortaleza de su éxito.

Como en aquellos viejos CDs que compilaban los hits, los grandes éxitos de solistas y bandas, en este capítulo quiero compartir las historias más apasionantes sobre episodios que no salieron para nada como se esperaba: salieron incluso mejor.

Y sobre todo quiero mostrarles qué se puede sacar en limpio de situaciones en las que los resultados no son los previstos.

Revisemos qué nos pasa cuando alguien nos menciona, o resuena en nuestra cabeza, la palabra FRACASO. En primer lugar, es difícil asumir que un proyecto, una idea, un trabajo fracasó porque nos suena a sinónimo de algo que salió pésimo. Cuesta verlo con otros ojos, pensar que en realidad fue un aprendizaje de cosas que no sabía para encarar lo que venga, más y mejor armado.

Cuesta porque tenemos una concepción ancestral de que fracasar es perder. Por algo se dice siempre que el fracaso es propio y el éxito, de todos. Se trata de una apelación clásica al "Perdiste" y al "Ganamos". Llevado a nuestra industria, sería: "Nos fue muy bien con tal campaña" o "El Departamento de Marketing se equivocó".

Esta idea tradicional de que fracasar es haber sido derrotado nos lleva también a que se minimicen los fallidos ("No nos fue taaaaan mal"), a buscar atenuantes ("A otras empresas también les fue pésimo este año"), excusas ("Surgieron complicaciones ajenas al proyecto"), a defenderse ("No se respetó mi idea"). A veces esas relativizaciones son ciertas, a veces apenas un modo de consolarnos o blindarnos. Probemos tener otra mirada.

Cada fracaso le enseña al hombre algo que necesitaba aprender.

CHARLES DICKENS, escritor británico

El valor de un buen feedback

Muy difícilmente haga en mis feedbacks una recomendación personal. No digo: "No te vi involucrado en el proyecto, tenés que dedicarle más tiempo a las tareas", porque son cosas que doy por descontadas. En cambio, puedo responder: "Hubiera hecho distinto tal cosa, hubiera estado atento a esta señal", recomendaciones que tienen que ver con la forma y no con el fondo. Llevado a un caso concreto, podría decir: "Tal vez hubiera sido ideal que llamaras a tal persona que seguramente te iba a ayudar a resolver esta cuestión" en lugar de "Tenés una agenda buenísima y no la usás".

De todas formas, el buen liderazgo se ejerce desde antes, en el arranque de la ejecución de las ideas. Los que conducen equipos tienen que intentar involucrarse en el origen y hacer el seguimiento correspondiente.

Desde mi rol, intento acompañar la maduración de la idea, porque aprendí que cuando te embalás es difícil frenar. Si alguien me acerca una propuesta que resulta aprobada, enseguida todo toma una velocidad increíble y el engranaje se convierte en un tren bala. Por eso mi postura es ser respetuoso del proceso pero observarlo de cerca. ¿Tiene un 90% de maduración, o un 10? Hay que transmitir compromiso pero trato de no entusiasmarme de más porque siempre hay efectos colaterales y pueden darse malos entendidos si no somos del todo claros. "Ah, creí que estaba aprobada esta idea, ya la coticé y estamos cerrando contrato con el influencer con el que la haremos", nos enrostran, cuando en realidad uno lo que dijo fue "Me gustó la propuesta". Hay que ser certero en el feedback. También tenemos que aprender a decir que no.

Los líderes tenemos un alto grado de responsabilidad en los proyectos que no salen bien, aunque hayamos delegado toda la misión, así como los colaboradores deben hacerse cargo de la parte que les toca. Es un compromiso mutuo.

Al ser la creatividad un área de tareas no mecánicas, no repetitivas, es indispensable contar con sensibilidad para pegar volantazos y predisposición para aceptar los cambios. Eso nos ubica en un camino de aprendizaje permanente en el que vamos a poder sacar provecho de todas las experiencias.

Justamente, como en esta industria no estamos en una línea de producción, es clave saber interpretar lo que se aprendió en un escenario para traspolarlo a otro. Les doy un ejemplo: si se nos ocurre replicar el banner que armamos para la web en un aviso que va a vía pública, es muy probable que no nos vaya bien porque ambos formatos manejan distintos lenguajes. Para trasladar ese contenido hay que adaptarlo, simplemente porque hay cuestiones de tiempo de lectura, distancia y demás que obligan a diferenciar cada pieza.

Si hacemos un *copy paste* (copiar y pegar), casi que el fracaso está garantizado. Pero necesitamos alguien que nos enseñe que no nos podemos dejar ganar por la ansiedad, por la presión de las entregas. La necesidad de que algo salga no puede ser más fuerte que la necesidad de que salga bien.

Trabajando exigidos podemos cumplir, o podemos crear. Si en un partido de fútbol faltan cinco minutos para el final, vamos 0 a 0 y decidimos bajar los brazos y zafar, es probable que no solo no ganemos sino que nos hagan un gol de contraataque. Si, en cambio, seguimos pensando hasta el último minuto en armar una gran jugada, crecen nuestras chances de un triunfo. Hay que seguir aportando valor al trabajo en equipo, aún bajo presión. Esa habilidad también se entrena.

No hay nada que aprender del éxito (…). Todo se aprende del fracaso.

DAVID BOWIE, cantautor, actor, multiinstrumentista y diseñador británico

Optimalismo

En su libro *Historias de fracasos y fracasados que cambiaron el mundo* (Paidós, 2017), Demian Sterman invita a "usar la creatividad como herramienta. No hay que limitarse al hacer o a lo que se supone que hay que hacer. Siempre hay que tratar de mirar lateralmente y agregar un valor personal a la acción. Esa misma mirada creativa, arriesgada o diferente, es la que nos va a permitir encontrar salidas posibles cuando todo se pueda volver cuesta arriba y cuando encontrar una salida parezca una misión imposible. ¿Tenés una corazonada? ¡Entonces, dale para adelante!"

El autor también propone ser "objetivos y optimistas. Una manera clara de poder lograrlo es actuar con aplomo y seguridad. Tener muy claro dónde estamos parados, cuáles son las herramientas de las que disponemos y los objetivos a los que queremos llegar. Y aunque surja alguna adversidad, que seguramente va a surgir, o este esquema no sea del todo favorable, debemos saber mirar con optimismo. Siempre hay aspectos positivos y hay que centrarse en ellos para poder encarar el desafío con seguridad y agregarle disfrute. Algunos hasta le pusieron un nombre a esto: lo llaman *Optimalismo,* que es la resultante que sale de la mezcla del optimismo con el realismo".

Son conceptos muy atractivos. Para mí, que soy optimista por naturaleza, los fracasos son, siempre, áreas de potenciales mejoras. Son terrenos donde se ubican desafíos que vamos a poder resolver. Mi abordaje cotidiano de estos temas siempre es por la positiva, exhortar a hacer las cosas de nuevo, y mejor.

Esa concepción me lleva a no tirar por la borda los esfuerzos. Cuando un proyecto tiene un gran avance pero se percibe que no va a funcionar como esperábamos, trato de reciclarlo, de adaptarlo. Si cambió el contexto, tal vez podamos reconvertir la idea para que acompañe ese movimiento y que no haya que empezar de cero.

Si trabajo en una idea sobre bicicletas y no termina de quedar redonda, tal vez sea útil pensar en un concepto más amplio como el de la movilidad, y no cancelar todo.

En momentos de baja demanda, las fábricas muchas veces no cierran porque parar la producción no conviene: volver a poner en marcha las máquinas es más costoso que mantenerlas funcionando. En Marketing sucede lo mismo: si frenamos de golpe un proyecto, cuando lo queremos retomar cuesta el triple. No hay una tecla de ON-OFF para las ideas. Es un proceso.

Por eso procuro que las distintas áreas de la compañía perciban al Marketing con la misma consideración que tienen para con la planta de producción. La llama siempre debe mantenerse encendida. Con mayor o menor visibilidad e intensidad, pero ardiendo.

Esta postura es importante todo el tiempo pero más aún en momentos de crisis porque el Marketing suele ser la variable de ajuste. Si las cuentas no dan, en una Pyme se dejan de hacer fotocopias, y en una empresa grande se reducen los fondos destinados para Comunicación.

Hay que mantenerse generando ideas y pensando. Lo mismo sucede con las dietas: una cosa es un día de *per-*

mitidos y otra tres semanas de vacaciones comiendo como si estuviéramos en un tenedor libre. Si hacemos eso, al regresar a casa habremos perdido todos los logros que a lo mejor nos llevó meses y meses alcanzar.

> *He fallado una y otra vez en la vida. Por eso he tenido tanto éxito.*
>
> MICHAEL JORDAN, estrella de la NBA, considerado el mejor jugador de básquet de la historia

El día después

Ahora bien, ¿qué pasa después de que algo no dio resultado? ¿Cómo mantener la motivación del equipo cuando no alcanza con decir que fracasar es aprender?

Por un lado, se debe procurar hasta último momento corregir los proyectos, alinearlos con el camino si notamos que se desviaron. Recuerdo una reciente campaña de Philco, marca que pertenece al portfolio de la compañía, que anduvo maravillosamente bien en los medios de comunicación, pero no tanto en los puntos de venta. Hicimos unos cartelitos super cool, con un diseño hermoso, alineados a la campaña, pero que no tenían el código del punto de venta. Y como la acción duraba desde mitad de año hasta diciembre, decidimos retrabajar el material POP (*point of purchase*, punto de venta), para lograr la atracción del público. Y por eso cambiamos esos cartelitos. Es importante revisar de modo permanente cada *touchpoint*.

Para evaluar cómo nos fue, trato de tener siempre charlas sinceras y profundas con los equipos. Si hicimos un evento y creo que podría haber salido mejor, convoco a la persona a cargo y le explico que debe "ver" la jugada tres minutos antes de que ocurra. Si sos el responsable de una presentación, no podés estar en la trastienda comiendo sanguchitos, tomando un trago y chateando. Tenés que estar al pie del cañón, viendo que todo esté saliendo bien.

En los feedbacks, hay distintas profundidades y abordajes. El mano a mano te da una sinceridad que delante de un grupo de trabajo no se puede tener. A la vez, las charlas con el equipo son constructivas porque muchas veces del conjunto salen las ideas de mejora.

Por otro lado, siempre es bueno que la gente esté motivada y se sienta parte. Suele ocurrir que haya una asunción responsable y superadora, y a la semana de haber enfrentado algo que no salió bien, el grupo venga y me diga: "Le dimos una vuelta de tuerca, manteniendo el espíritu de la idea original. Pero ahora lo vamos a hacer así".

El líder tiene que tener el termómetro de por dónde está llevando las riendas el equipo, porque los colaboradores esperan un *Fijate esto,* o un *Acá tendrías que cambiar tal cosa.*

Justamente, cuando tenía 20 años trabajaba en la compañía Aurora Grundig, en aquel momento una de las principales empresas de Argentina. Un día faltó el director creativo, y surgió la necesidad de hacer un aviso de un lavarropas para publicar en un diario. Yo pensé que era mi oportunidad de destacarme. Y se me ocurrió una foto del lavarropas con un texto que decía: "Lávese las manos y lave con un Lavaurora". El concepto para mí era *Despreocúpese, compre un lavarropas y resuelva su problema.* No se me cruzó por la cabeza validarlo con nadie.

Al otro día, a las 8 am, me llama mi jefe, un tanto

exaltado. Yo pensé: genial, me va a ascender. "¿Quién hizo este aviso"?, me pregunta. "¡¡¡¡Yo!!!!", contesté, feliz. A partir de ese momento me dio una lección sobre Poncio Pilatos, y el significado de "lavarse las manos", el cual estaba relacionado con una mirada negativa de sacarse las cosas de encima, de culpar a otro. Yo desconocía esa parte de la historia.

En ese momento aprendí muchas cosas:

- La importancia de tener cultura general y visión de contexto
- Que la interpretación de un contenido puede ser diferente en distintos ámbitos
- Que hay que chequear las ideas
- Que es central leer, averiguar el porqué de las frases, el origen de las palabras, de dónde vienen los conceptos, qué implican
- Y siempre conectar con la realidad. Siempre, y si es posible más de una vez.

Los procesos han cambiado, esa autonomía que un chico de 20 años tenía entonces era medio irracional vista con ojos de hoy. El circuito de producción permitía eso, que fallaran todos los controles. Una situación como esta podría haber sido tapa de diarios de haber existido las redes sociales.

Ahora tenemos expertos en igualdad, diversidad y género, y un comité de Relaciones Institucionales que certifica los contenidos sensibles.

Todo fracaso es el condimento que da sabor al éxito.
TRUMAN CAPOTE, escritor norteamericano

Cuatro cabezas piensan más que tres

En el 2001 viví otra experiencia de aprendizaje. Noblex era sponsor de la camiseta de San Lorenzo. Teníamos contrato con una vigencia de un año que finalizaba el 30 de junio, fecha en que el campeonato debía haber terminado. Pero hubo una huelga y durante tres fines de semana no se disputaron partidos, que pasaron entonces para el segundo semestre.

Cuatro meses antes de que finalizara el acuerdo, nos llamaron para saber si íbamos a prorrogarlo. Al club los resultados no se le daban, estaba haciendo una mala campaña y decidimos no continuar.

Desde ese momento, el CASLA empezó a repuntar. Y tanto repuntó que terminó saliendo campeón. Pero el último partido, el de la vuelta olímpica, lo dio con otro sponsor en la camiseta. Bancamos un año al equipo, y la foto del campeón se la regalamos a otra empresa.

Quizá si hubiéramos convocado antes de la firma del acuerdo a un abogado tal vez se le hubiera ocurrido incluir en el contrato una cláusula que a mí se me escapó y en la que podíamos haber establecido que, si la definición del torneo se demoraba, el acuerdo extendía su vigencia.

Pero de todo se aprende. Hicimos en la prepandemia un contrato con el Movistar Arena por un año de recitales en el estadio de la ciudad de Buenos Aires. Decía claramente en el acuerdo: "Un año u 88 shows". Menos mal, porque en el medio vino la cuarentena y se suspendieron los conciertos. Pero teníamos esa cláusula de doble gatillo, que nos cubría.

Cualquier decisión estratégica tiene que contemplar los imponderables. Y para eso hay que sumar gente clave al equipo. Es un escudo que aleja la posibilidad de un fracaso.

Me acuerdo de otra situación. En los años 80, la agencia De Luca hizo una campaña para Noblex con Pablo Del Campo como director general creativo. Se llamó *4 cabezas*, y fue un golazo. Era la época en que aparecieron las videocaseteras, justamente con cuatro cabezales.

Años más tarde lanzamos los reproductores de DVDs, que eran el reemplazo de aquellos equipos. En aquel momento trabajábamos con Savaglio TBWA, quienes nos propusieron (y aprobamos claramente) hacer una *remake* de *4 cabezas*, que consistía en mostrar el interior del DVD con hombres haciendo las tareas de cada parte.

Entraba el DVD, y un señor de mameluco plateado lo hacía funcionar, dándole a otro la orden de Play. Otro actor era quien hacía el Stop, y así: cada actor tenía su "función". El resultado: transmitía una idea de cero tecnología, de precariedad.

Apuntaba a la cercanía, pero el resultado fue extremadamente bizarro, un poco al estilo del programa de TV *Cha cha cha*. Involuntariamente, claro. Duró al aire una semana y decidimos levantarlo. Además, la producción había requerido una alta inversión. Así aprendí que si no hay un excelente plan detrás, la plata no hace un éxito. Con mucha producción se puede engordar una idea, pero no convertirla en buena.

> *¿Por qué nos caemos? Para aprender a levantarnos.*
>
> *BATMAN BEGINS*, película de 2005 dirigida
> por Christopher Nolan

¿Estamos vendiendo más?

Las ideas mutan. A veces para bien, a veces no. En la primera campaña que hicimos con La Comunidad para Sanyo, con comerciales dirigidos por Bruno Stagnaro y Fabián Bielinsky, el concepto era *No hay lugar como casa*. Eran unas publicidades muy emotivas, muy cuidadas, artísticas. Hermosas.

A la semana de tenerlas en el aire, el entonces director comercial de la compañía me encaró: *"¿Y? ¿Estamos vendiendo más a partir de la campaña? Salieron carísimos esos anuncios"*.

"No, en realidad esta campaña es para construir imagen y posicionamiento", intenté explicar. No lo convencí, y exigió poner una placa al final que decía: "Adquiéralo en Garbarino en 12 cuotas" (en ese momento era el retail más importante de la Argentina), con la idea de obtener una subrenta y venderles ese espacio a los retailers para recuperar parte de la megainversión.

Nunca le cobramos nada a nadie. Chocamos contra una pared. Era una super campaña pero no le dimos tiempo y la arruinamos. Hoy se entiende el concepto de *engagement*, pero hace 20 años, no. Eran las épocas de quiebre en las que se pasó de la publicidad norteamericana clásica (esa de vender ahora, promos y descuentos) a otras que hablaban más de la marca y no tanto del producto.

En cierta forma estábamos adelantados a los tiempos porque luego llegó la tendencia de pensar en el mediano y largo plazo, de considerar los atributos intangibles de la marca, de generar audiencia, de construir nuevas generaciones de consumidores. Y la compañía en ese momento no tenía el nivel de maduración suficiente como para entender que trabajar a dos años requiere tiempo y dinero.

Corrimos el riesgo de ser pioneros. Pero no pudimos sostenerlo. El aprendizaje que me quedó es que no hay que transar. Si alguien te pide un Frankenstein, que lo haga él. Uno cuando es joven puede ser audaz, por inconsciente. Pero también puede resultar obediente y pensar: *Si me bajan esta línea por algo será, así que tengo que respetarlo.* Y a veces los demás también son los que se equivocan.

Pero sostener una idea requiere autoridad y experiencia. Y esa jerarquía solo se consigue equivocándose. Una y otra vez.

> *Es mucho más hermoso fracasar en algo que nos gusta.*
>
> EDUARDO SACHERI, escritor argentino

✓ Preguntas para reflexionar sobre este capítulo

1. ¿En qué momentos te das cuenta ahora que podrías haber dado un golpe de timón en lugar de abandonar una idea original?
2. ¿En qué situaciones fallidas recordás haber obtenido enseñanzas? ¿Cuáles?
3. ¿Qué ideas surgieron de proyectos inconclusos?
4. ¿Qué aprendiste de los fracasos ajenos?
5. ¿Cómo motivás a tu equipo de trabajo (o cómo te gusta ser alentado) cuando los resultados no son los esperados?

Capítulo 7

Aprendizajes del otro lado del mostrador

Tres reconocidos especialistas en comunicación de marcas analizan aquí muchos de los conceptos que compartimos en capítulos anteriores, pero, como se dice en esta industria, desde el otro lado del mostrador.

¿Cómo observan el escenario de las marcas, las audiencias y los medios para que las marcas desarrollen su comunicación? Como signo de época, ¿qué deben tener hoy las marcas en su comunicación, más allá de la relevancia y la pertinencia? ¿Cuál es el rol que ocupan ahora en la sociedad?

Desde su mirada como creadores de ideas, "Papón" Ricciarelli, Anita Ríos y Gastón Bigio, tres referentes de la publicidad de América Latina, acercan sus reflexiones acerca de su trabajo con marcas argentinas, regionales y globales.

Jugarse a ser alguien

"Papón" Ricciarelli, CEO y fundador de la agencia Don

La comunicación de la marca en sí misma es un riesgo porque decidir comunicar, contar algo, es decidir tomar un riesgo. Es exponerse, es ponerle la voz a un líder, poner la voz a una marca, un tono, una dirección, un punto de vista a algo que antes no lo tenía. En definitiva, cuando comunicamos estamos poniendo en juego, apostando una ficha, a que esa voz y ese punto de vista sea relevante para una audiencia.

Es bueno preguntarse para qué poner algo en juego, para qué poner a la luz de mucha gente la personalidad de una marca, la idea y el punto de vista. Pero no hablamos de arriesgar para ser parte del paisaje o para ser parte del *statu quo.* Si uno arriesga, realmente tiene que ser relevante; si uno arriesga para que todos te miren, tiene que ser para decir algo interesante.

El mismo hecho de exponer una marca a la comunicación, a que todos nos vean, a que todos nos escuchen sin el propósito explícito de arriesgar a decir algo relevante no tiene sentido. Comunicar para ser parte del paisaje es una expresión de performance, integra otra lógica de inversión que no tiene sentido. Digamos que acá, en Argentina, la relevancia viene justamente por decir algo interesante y eso es arriesgar por ser alguien, por posicionarte, por tener un contorno, una forma, una personalidad, y eso es ser arriesgado. Eso es jugarse a ser alguien.

Los argentinos en general estamos acostumbrados al riesgo. A nivel personal vengo de una familia de emprendedores, lo que conlleva riesgo desde la misma concepción. Es un atributo de familia, pero también en la tierra donde estamos, donde nacimos, donde crecimos, donde vivimos, donde nos desarrollamos como lugar de pertenencia. Este continente en el que Argentina es uno de los barrios, y donde yo vivo, tiene una realidad en la cual la previsibilidad es corta. Uno respira a corto plazo: prever o dar un paso más allá de mañana ya es arriesgar. Entonces, podríamos decir que es innato en la vida de nosotros estar tomando esos riesgos porque cada medida, cada acción que uno adopta a nivel organización dentro de su compañía o a nivel personal de sus finanzas o proyectos, tiene que ver con una apuesta y riesgo porque no sabe qué puede suceder realmente. No tenemos un marco que nos apañe, que nos dé la certeza, la seguridad de un resultado. Lo que nos da seguridad y certeza es ese impulso que nos llevó a hacer algo por primera vez: tomar una medida, definir una acción que nos hace sentir útiles, osados, que para algo estamos. Eso es lo que nos da el marco de seguridad para volver a hacerlo, una y otra vez.

Creo que de alguna manera es como la vida misma, y se vincula con cuál es el rol de cada uno de nosotros en el mundo. Tal vez el papel de algunos sea mostrar caminos o abrir una puerta desconocida. Y me parece que el riesgo desaparece cuando uno ordena las cuestiones básicas, cuando uno hace lo que tiene que hacer, cuando da lo que tiene que dar y recibe lo que le toca recibir. Porque tenemos que tomar acción sobre ese impulso, sobre algo que estamos convencidos o tenemos una mínima certeza de que puede ser bueno. Entonces, la palabra riesgo pierde peso específico.

Desde el punto de vista de los medios de comunicación, hoy podemos decir que vivimos en un mundo de fragmentación, que es mucho más que la idea de segmentación en términos de audiencia clásica. La fragmentación depende de cada persona y fundamentalmente de donde esté parada físicamente según el momento del día. Entonces, ese concepto de la audiencia fija y los medios se rompió porque ya no es una comunicación totalmente vertical, se empieza a formar, se empieza a armar una comunicación más horizontal, y en esa horizontalidad comienzan a aparecer un montón de cosas, dependiendo del día y de la hora.

Por ejemplo, una persona que viene a trabajar a la ciudad de Buenos Aires desde el conurbano bonaerense y que utiliza transporte público, atraviesa el Gran Buenos Aires. A la mañana está en un lugar, a la tarde está en otro y a última hora del día regresa a su casa a varios kilómetros de la ciudad. Esa persona, podemos decir, son cuatro personas en una: esa persona tiene momentos caóticos por la cantidad de gente con la que se traslada, pero también tiene momentos de hiperconectividad, tiene un poco de temor, de incertidumbre, de inseguridad, al mediodía tiene un momento de confort si logra abstraerse durante el almuerzo, que le da certezas. Analizando la vida de esa persona, cuántas vidas conviven en la vida de esa persona, en cuántas pantallas estuvo, en cuantos momentos diferentes, y todo eso repetido en muchas ocasiones, se vuelve un mundo kafkiano por la cantidad de dimensiones que tiene.

Las marcas preguntan: "¿Y cómo llego a esa persona?". Y mi respuesta es: ¿A qué persona? ¿Y en qué momento del día? Definiendo a esa persona en un momento del día, uno tiene la posibilidad de armar estrategias en cada rango horario.

La palabra que más abraza a esta idea es la *fragmentación,* que se cruza con los comportamientos, con las pulsiones sociales, los miedos, las certezas, es decir esas sensaciones que tenemos que ir estudiando para ver qué momento es el más propicio y fértil para que una marca ingrese en la vida de esa persona y tenga una buena interacción.

Como signo de época, la gran pregunta que nos podemos hacer es para qué existimos como marca. Y hay que ser osado para dar una respuesta: existo para transformar tu vida, para darte una opción más confortable o económica. La osadía es el *drive* fundamental. Tener bien claro cuál será mi rol, mi punto de vista, es imprescindible. En definitiva, la coherencia y la consistencia son características básicas, porque si no tenés al menos esos dos atributos no existís como marca. Ahora bien, si no sos osado o no sos relevante, vivís sin identidad. Es como una subsistencia.

Vivimos un momento en que a la marca se le exige algo más que el producto o servicio. Y esa especie de reclamo tiene que ver incluso con el cuestionamiento al sistema capitalista: como marca, generás una rentabilidad y está bueno, pero el consumidor, el cliente, el usuario dice: sos un aire acondicionado, pero también deberías hacer algo por el planeta. Es lo que se llama *marcas con propósito*, una mirada más holística de la gestión de la compañía.

Planteado así, la sugerencia para las marcas es la osadía, entender que la marca sin esa osadía es nada. Y sin una idea detrás y por delante de la marca, también es nada. Detrás significa desde la concepción de la marca, y por delante es la plataforma que te permite ser innovador y permanecer relevante en el tiempo. Sin eso, la construcción marcaria termina siendo un negocio de performance, en una carrera sin sentido.

Desde este lado del mostrador veo que las marcas exitosas son las que escriben sobre un papel en blanco, donde uno construye todo el tiempo. Pero sobre esa construcción siempre se plantea un nuevo desafío, una nueva reinvención del producto, una nueva reinvención de la categoría. Es esa sensación de escribir sobre blanco continuamente.

Considero que nuestro aporte es, sin ser reduccionista, el mundo de las ideas, pero desde un punto de encuentro entre la sociedad y un grupo de personas que demuestra intereses, que se los cuestiona, que se moviliza. En este escenario, una marca, un producto, un servicio debe encontrar ese punto de encuentro y la idea que relate ese vínculo. Es decir, trabajamos para unir esos dos puntos: somos el puente para que una idea sea relevante y genere un ida y vuelta próspero. Las compañías detrás de las marcas deben ser ese socio que ayude a construir ese puente a detectar, a reformular productos y que interpreten mejor la pulsión de la gente.

El aprendizaje, para mí, siempre tiene relación con una pregunta: ¿Cómo seguimos? ¿Qué es lo próximo? En definitiva, es la construcción de ese punto de vista y de esa relevancia que mencionaba antes a partir de una idea que se ve plasmada en una campaña exitosa, pero que inmediatamente te lleva a pensar *y ahora, ¿qué?*

Hay que tomar aire y reinventarse.

Tomar riesgos es vital, en el trabajo y en la vida

Anita Ríos. Fundadora y CCO de Anita & Vega

Riesgo es una palabra que a simple vista da miedo, pero es hermosa. Asumir riesgos a mi criterio es lo que nos hace avanzar y hacer cosas mejores. Cuando tomás un riesgo es porque es algo que seguramente no hiciste nunca, y en comunicación, eso, va de la mano de lo nuevo, lo impactante y lo diferente y probablemente de alguna idea que realmente sea recordada y le haga bien a la marca.

Tomar riesgos es vital en el trabajo y en la vida. Tomás riesgos desde que un día te parás cuando sos muy chiquito y decidís caminar. Te vas a caer, a golpear, pero vas a descubrir un mundo nuevo y vas a desarrollarte en la vida. Tomás riesgos cuando das un primer beso, cuando elegís un colegio, una carrera. Cuando hacés dedo siendo turista, cuando comés algo raro que nunca probaste. Cuando renunciás a un empleo porque ya no te hace feliz, cuando te casás y hasta cuando decidís tener un hijo. Todo implica un riesgo, y todo te lleva a un lugar distinto, nuevo y de gran crecimiento. En la vida profesional, es lo mismo. Correr un riesgo es tocar un tema sensible, controvertido o importante para la sociedad. Es usar un recurso que nunca se usó, es apostar el presupuesto entero por una idea en la que creés.

Siempre se puede tener una red, trabajar en equipo, contar con un análisis estratégico inteligente y un concepto sólido, no ser caprichoso, saber qué efecto puede provocar para estar preparados y entender que hay cosas que más que riesgos son locuras. Así se pueden minimizar los efectos secundarios, y que todo sea beneficio.

Es necesario jugársela porque en el escenario de la comunicación está todo muy igual. Hay bastante conservadurismo y poco presupuesto. Está todo tibio. Todo parecido. La gente está escéptica, y los medios enloquecidos ofreciendo mil formatos y pantallas para poder tocarles una fibra. Por eso hacer algo distinto, arriesgado, con *insight* y fundamentalmente estratégico y pertinente es lo que hace que una marca llegue a diferenciarse y tocar a la audiencia.

Hemos visto cómo Newsan tiene gente que trabaja en equipo. Gente que escucha. Tiene ganas de hacer cosas potentes, sabe de comunicación, tiene presupuesto y lo invierte en ideas y en producción. Es un grupo de marcas con las que amamos laburar. No solo por los resultados finales de las ideas, sino por lo humano, por el respeto y el valor que le dan al trabajo y porque hacen que los procesos fluyan. Ellos toman los riesgos con vos. Y eso hace que den ganas de tomarlos. Nada de esto es tan común en esta industria.

Hoy en día, la comunicación no solo tiene que ser relevante y pertinente. Tiene que ser distinta y tiene que tener un valor en la vida de las personas que ya están hartas de las marcas. Tienen que dejar de ser una interrupción y para eso hay que saber dónde aparecer y con qué. Las marcas tienen que formar parte de la vida de la gente, tienen que ser elegidas, necesarias y así va a existir la posibilidad de que logren ser amadas.

Sería genial poder trasladar a todas las marcas los procesos de trabajo de Newsan. *Briefs* claros, concisos en su metodología y tiempos lógicos. Y ganas de escuchar, porque respetan las recomendaciones y entienden lo que cada proyecto cuesta en trabajo, tiempo y dinero. Con las campañas que hacés con ellos, volvés a querer a esta profesión. Te vuelve a divertir tu trabajo, te dan ganas de ponerle cabeza y no te molesta una mala devolución, porque generalmente, segundas partes con ellos sí son buenas.

Ellos ya tienen marcas hermosas, gente talentosa, líderes respetuosos y buenos procesos de trabajo. A nosotros nos queda pensar y sumarle a todo eso ideas que estén a la altura, que sean innovadoras y que tomen riesgos. Con ese combo, solamente queda agarrarnos todos de la mano y saltar a la pileta. Va a haber agua, seguro.

Si no tenés que consultarla con tu abogado, quizás la idea no sea tan buena

Gastón Bigio, fundador y CEO de la agencia GUT

Cuando una marca no es conocida y está en la etapa de su nacimiento, el riesgo verdadero es menor; poco por perder y mucho por ganar. La visibilidad es baja, entonces la oportunidad de llamar la atención es mayor. Es exponencial el ROI, el retorno de la inversión. En cambio, cuando la marca ya es muy conocida, es mayor el riesgo y la presión política.

A su vez, la expectativa sobre la marca es un reflejo de lo grande que ya es. Entonces los KPIs, resultados y objetivos a lograr, son altos y de mucha exigencia. ¿Cómo alcanzarlos? Arriesgando. Pero sin creer que arriesgar es apostar a la suerte. No lo es.

La forma de minimizar los riesgos es a través de la confianza y la información. Cuanto más confianza, seguridad e información tengo, más chica es la posibilidad de errar.

A esto se le suma la carta más importante: la experiencia, los años en los que uno vivió situaciones similares y por eso sabe bien que no es un salto al vacío sino un salto al instinto. Y ese instinto es construido diariamente con conocimiento de mercado.

El riesgo es el precio que hay que pagar por una oportunidad. Y Newsan con la campaña **El Gerente de Noblex** lo pagó y la aprovechó. Es una de las poquísimas marcas que en los últimos 10 años, y a partir de la gestión de su CMO, se animó a arriesgar. Y eso viene del ADN de Newsan. Del emprender sin miedo e ir por todo. La filosofía emprendedora sin límites dentro de una corporación genera oportunidades que logran hitos en la publicidad argentina como el que conseguimos cuando creamos este famoso personaje, que no es más ni menos que un audaz y "picante" empresario argentino.

Las marcas deben tener cercanía, empatía, ser cálidas. Ya sea usando el amor, el humor o el sentimiento que sea. Deben ser actuales, pero actuales con el minuto a minuto. Deben ser humanas, sentir y tener margen de error, siempre con transparencia.

Noblex logró desde la creación de La Gran Promo Noblex un lugar de liderazgo absoluto en la categoría. Pasando de ser "la marca de mi abuelo" a ser la marca *cool*, joven, divertida, fan de la Selección Argentina, y muy ocurrente. La gente amó esa ocurrencia y la llevó a lo más alto *del top of mind* en tan solo 5 años. Es un recorrido meteórico, sobrepasando a los grandes titanes mundiales de la tecnología.

Hay mucho de la grandeza que buscamos los argentinos en la marca Newsan. Hay mucho de hambre de más y de conquistar lo que parece inconquistable. Eso estuvo siempre y es lo que da el escenario para que la disrupción suceda. Con esto no estoy diciendo que fue fácil convencer a tantos directivos de que no estábamos locos cuando se nos ocurrió en un café con Marcelo la idea de regalar cientos de televisores si la Selección no entraba al Mundial. Fue sumamente difícil lograr que todo eso suceda y luego redoblar encima la apuesta, pero todo eso pudo suceder porque el coraje está en el ADN nuestro y de Newsan.

Ahí está la conexión que hace que todo haya sido un éxito. En GUT educamos a nuestros clientes a convivir con el miedo, como un ejercicio posible para conseguir el gran éxito que toda marca busca. Por eso hoy, después de casi 8 años de trabajar para Noblex, seguimos generando ideas que hacen hablar a todo el país. Que son parte de las charlas cotidianas, de "viste la nueva locura de Noblex", de seguir dando que hablar a la gente para seguir demostrando que un líder debe ser siempre el que genere innovación. En todos los sentidos.

Cuanto más difícil es concretar una idea, mejor es. Es una ecuación inequívoca. La grandeza en la comunicación se basa en lo disruptivo de la novedad que estás presentando. La gente no entiende de riesgo o no riesgo, la gente celebra lo nuevo. Y para hacer cosas nuevas hay que arriesgar. No es solo ocurrencia, porque cuando se trata de marketing detrás de esa ocurrencia hay inversiones grandes. Entonces sostenerla e ir a fondo es tomar el verdadero riesgo. De lo contrario, es lo mismo de siempre.

Como decimos en nuestra agencia, si no tenés que consultarlo con tu abogado, quizás la idea no sea tan buena.

Capítulo 8

Caja de herramientas

La forma más efectiva de hacer algo, es hacerlo.
Amelia Mary Earhart, norteamericana,
pionera de la aviación

Después de este camino que espero te haya resultado entretenido, quiero darte aquí –por un lado– una herramienta más que te va a servir para organizar tus próximos desafíos; luego, recoger el guante de las preguntas que te propuse como reflexión al final de cada capítulo y repasar finalmente algunos ejes indispensables para que te queden siempre a mano y te resulte más fácil (o menos doloroso) **Domar el riesgo**.

En primer lugar, entonces, te comparto una práctica personal que vengo llevando adelante desde hace un tiempo y que es simple y efectiva: enunciar por escrito mis objetivos anuales. Suena básico, pero el método que aplico tiene algunas particularidades.

Durante las primeras semanas de enero, me siento a pensar y enumerar las 10 o 15 metas que me fijo para el año (pueden ser menos, pero más ya resulta inalcanzable). Incluyo allí tanto proyectos laborales como personales. Son siempre logros que no solo tengo ganas de concretar sino que me desafían y me hacen feliz.

Ahí reside la primera característica interesante. No anoto cualquier cosa, ni tampoco generalidades. No es una lista de deseos sino de objetivos, que no es lo mismo. Son cosas que ambiciono cumplir y concretar en los próximos doce meses. Y son bien precisas.

Por ejemplo, no sirve escribir "Quiero viajar". Debo poner adónde, pensar por qué tiene sentido esa movida, qué implicaría. Eso le da entidad al objetivo. Para este año tenía anotado, entre otros puntos, correr una media maratón y escribir este libro. O sea que mientras releo este texto, me encuentro entrenando para mis primeros 21K.

¿Para qué sirve poner las metas por escrito? Para varias cosas, entre otras editar lo que es ambicioso pero posible y descartar lo que es una quimera; después, es valioso aprender a jerarquizar ítems porque no todo tiene la misma relevancia y porque a veces hay que optar entre más de un camino.

Luego, es fundamental anotarlas para poner foco en eso, comprometerse a hacer el esfuerzo necesario para concretarlas.

Visualizar esos objetivos hace además que uno los tenga permanentemente presente. Puedo hacer el seguimiento de esas metas, ver a mediados de año cómo vengo en materia de ejecución. Sirve también para ir tildando con un OK cuando los alcanzo, y eso siempre es muy estimulante. Da mucha satisfacción comprobar que, de diez objetivos, conseguiste ocho.

Es además útil verlos por escrito porque de lo contrario quedan en una nebulosa o uno tiende a autoengañarse, a pensar *Bueno, no logré tal cosa pero zafé porque hice esta otra.*

En la última semana de cada diciembre se puede hacer un balance y aprender de lo vivido. Ver qué se pudo llevar a cabo, qué no, por qué, cómo habría que reformular los planes para lograrlo, qué tiene sentido renovar y qué no, donde habrá que poner el acento.

Creo que esta es una herramienta super productiva, además de entretenida y motivadora. Afina los sentidos. Y te invito a probarla.

Tres sistemas en equilibrio

Exponerse a situaciones riesgosas, sin previo análisis de las posibles consecuencias, sería –como vimos– una actitud poco responsable. Por el contrario, gestionar el riesgo implica realizar un diagnóstico previo, evaluando pros y contras y reconociendo cierta responsabilidad en la elección.

"Asumir riesgos no es lo mismo que evitarlos o eludirlos. De igual manera, querer hacer las cosas bien, no es lo mismo a no querer fallar. En ambos casos subyace una motivación diferente que guía nuestras acciones. Una se direcciona en sentido de conseguir algo, activando emociones positivas, y la otra, por el contrario, va en sentido de evitar experimentar una emoción negativa", explica Paula Martín, Licenciada en Psicología, especializada en Psicoterapia Cognitiva Conductual.

En nuestra vida, hacemos cálculos de hasta dónde estamos dispuestos a asumir algo, es decir, hacernos cargo según sean las consecuencias y el grado de bienestar o malestar que esto pudiera acarrear. Tomar una decisión, en cualquier ámbito, implica elegir algo por sobre otra cosa. Para no equivocarnos y asegurarnos un resultado positivo, muchas veces ponemos todo nuestro empeño en pretender controlar todas las variables, como si esto fuera posible. Creer poder hacerlo es solo una ilusión. Dada esta imposibilidad de certeza absoluta, no estamos exentos de riesgo en cada cosa que hagamos. Lo que variará es el alcance, la magnitud e intensidad de las consecuencias de nuestra elección.

Al no poder controlar todas las variables intervinientes, es imposible garantizar un resultado. Desconocer estas limitaciones puede dejarnos paralizados, sin tomar acción, pretendiendo estar totalmente seguros antes de actuar. Todo lo que esté a nuestro alcance para acotar el riesgo, denota prudencia. Querer controlar todas las variables, una ambición desmedida.

Martín sostiene que desde la teoría de Paul Gilbert, "existen tres sistemas neurológicos básicos que regulan nuestras emociones: el de amenaza y protección, que se activa cuando se detecta una posible amenaza, real o imaginaria; el de activación de recursos, incentivos y logros, que nos motiva para la acción y la búsqueda de recompensas; y el de la satisfacción y la seguridad, que aporta calma y nos lleva a crear y explorar".

Estos tres sistemas están interconectados. Cuando se activa uno, se apagan los otros dos. Permanecer en el sistema de amenaza es muy agotador porque implica vivir en alerta permanente, sintiéndonos en riesgo continuo y en modo defensa perpetuo. Una excesiva motivación de logro podría llevar a no medir el riesgo con tal de conseguir nuestros objetivos.

"Pero sentir el apoyo de nuestro equipo de trabajo, por ejemplo acompañando nuestra toma de decisiones, activa el tercer sistema de regulación emocional, permitiéndonos estar más abiertos a nuevas ideas, propuestas y proyectos. Por eso –considera la psicóloga– es vital y necesario poder circular por estos tres sistemas, sin quedarnos anclados en uno en particular. Es el modo de lograr nuestro bienestar".

Más claves para Domar el riesgo

En el capítulo 1 te hablé acerca del marketing de la incertidumbre. Te decía que el riesgo es una herramienta que sirve para crecer y que hay que buscarlo proactivamente. La mirada debe estar puesta en que podríamos asociarlo, en lugar de a elementos negativos, a conceptos como placer, disfrute, satisfacción, bienestar, porque todos los logros contienen una dosis de riesgo que debimos asumir. Recordá que exponerse es arriesgarse a que te abucheen, pero no hacerlo es privarte de que, tal vez, te consagres.

La clave: hacer análisis de riesgo, considerar los peligros a los que nos enfrentamos y ver de qué modo se pueden minimizar eventuales pérdidas. Pero sobre todo estudiar la relación costo-beneficio de correr ese riesgo porque, en algunos casos, conviene esperar una mejor ocasión.

> *El hecho de que hagas un buen plan no significa que eso vaya a suceder.*
>
> TAYLOR SWIFT, cantante estadounidense

En el capítulo 2 abordé el concepto del valor de las ideas y la importancia de dejar la creatividad en manos de profesionales que se han formado para trabajar con ella. No basta un momento de iluminación, un rapto de genialidad.

Ser creativo es defender los proyectos y llevarlos a buen puerto. Para eso hay que invertir recursos y tiempo en construir y consolidar las ideas.

La clave: armar un buen equipo de trabajo para que las propuestas buenas fluyan y balancear los objetivos de corto plazo con los de mediano y largo alcance.

> *Toma en serio las críticas, pero no personalmente. Si hay verdad o mérito en la crítica, intenta aprender de ella. De lo contrario, deja que te resbale.*
>
> HILLARY CLINTON,
> ex Secretaria de Estado de Estados Unidos

En el capítulo 3 te compartí algunas reflexiones sobre liderazgo. Allí te decía que el modelo actual de autoridad implica estimular a sus colaboradores no a obedecer sino a honrar los compromisos; que se puede aprender incluso de un muy mal líder (qué no hacer en el propio equipo); que un puesto de jerarquía significa ser el puente entre las demandas del directorio o accionistas y los ejecutores, y que se requiere velocidad y precisión en la toma de decisiones.

Las claves: transmitir las directivas con criterio y sentido común, y hacer partícipes de verdad a todos los involucrados.

> *Está bien admitir lo que no sabes. Está bien pedir ayuda. Y está más que bien escuchar a la gente que diriges. De hecho, es esencial.*
>
> MARY BARRA, Presidenta de General Motors

En el capítulo 4 encaré el tema del diálogo entre la marca y sus audiencias. Destaqué la importancia de la escucha atenta en redes sociales y de percibir el termómetro de la conversación pública sobre los temas relevantes.

También remarqué el valor de tener un pensamiento estratégico para interactuar porque es lo que nos dará confianza a cada paso.

Finalmente te di algunas pautas acerca de por qué es fundamental sacarle todo el provecho posible al éxito, y cómo hacerlo: visualizar oportunidades, enriquecer el camino con otros enfoques y categorías de productos, repasar el recorrido para ver ventanas y documentar cada escalón en un registro del proyecto.

La clave: fijar postura sobre los temas, y sostenerla. Ser auténtico y honesto.

> *No tengas miedo de tomar decisiones. No tengas miedo de cometer errores.*
>
> CARLY FIORINA, ex CEO de Hewlett-Packard

En el capítulo 5 analicé lo crucial que resulta el balance entre la intuición y la planificación a la hora de concretar ideas. También subrayé el sentido de hacer el seguimiento de los proyectos y de reconocer a los que aportaron el puntapié inicial, no solo a los ejecutores actuales.

A todos, creativos y realizadores, hay que motivarlos, especialmente en contextos desafiantes como suelen ser los de la economía argentina. No importa cuándo leas esto.

El monitoreo es vital porque un ajuste a tiempo puede salvar un plan, pero además para que el ritmo sea constante porque si hemos identificado una oportunidad no hay que dejarla pasar. Es acá y es ahora cuando hay que sacarle provecho.

La clave: controlar la ansiedad. Los avances deben ser graduales. Esa progresión es necesaria para caminar sobre seguro.

> *La buena fortuna es lo que sucede cuando la oportunidad se encuentra con la planificación.*
>
> THOMAS EDISON, inventor norteamericano

En el capítulo 6 te propuse revisar el concepto clásico del fracaso para que puedas verlo de otro modo, asociado positivamente a un aprendizaje que te capacita para los próximos desafíos.

Como herramientas para lograrlo te mencioné que en primer lugar intentes alinear los proyectos con el contexto si durante el seguimiento vas viendo fallas. Si no lo conseguís, pensá en no descartar las ideas que no funcionaron sino en adaptarlas.

La clave: para potenciar la utilidad de algo que no prosperó, evaluar con el equipo los resultados y tener reuniones sinceras con el abordaje que corresponda (más profundo en los mano a mano, más estratégico en los encuentros grupales) para descubrir así el camino hacia la mejora.

> *Cuando es obvio que no se pueden alcanzar los objetivos, no ajuste los objetivos: ajuste los pasos de acción.*
>
> CONFUCIO, filósofo chino

En el capítulo 7, tres reconocidos publicistas ("Papón" Ricciarelli, CEO y fundador de agencia Don; Anita Ríos, fundadora y CCO de Anita & Vega, y Gastón Bigio, fundador y CEO de la agencia GUT) consideraron que, de por sí, contar algo es decidir tomar un riesgo porque estamos poniendo en juego que nuestro punto de vista sea relevante para una audiencia.

El riesgo es lo que nos permite avanzar. En el trabajo y en nuestra vida cotidiana, nos arriesgamos para crecer.

Entendido así, solo resta asumirlo y minimizarlo.

Las claves: rodearse de un equipo valioso, hacer un análisis a conciencia, descartar los arrebatos y construir solidez y confianza. Prepararse.

> *Rara vez las oportunidades se presentan de manera perfecta, en una bonita cajita con un moño amarillo en la parte superior. Las buenas oportunidades son desordenadas, confusas y difíciles de reconocer. Son arriesgadas. Te desafían.*
>
> SUSAN WOJCICKI, estadounidense,
> CEO de YouTube

Decidirse a correr riesgos es valioso y necesario, pero no alcanza. Es solo el primer paso para lograr objetivos. Inexorablemente el tomar decisiones tiene que complementarse con llevar las ideas a la práctica, con pasar a la acción. Con ejecutar un proyecto, un plan.

Domar el riesgo no es tener coraje irracional, no es voluntarismo, no es ser kamikaze, no es avanzar a como dé lugar. Es hacer que las cosas se concreten, y del mejor modo posible.

Domar el riesgo es estrategia, es táctica, es resiliencia y es constancia. Es poner PLAY y que el proceso empiece a funcionar.

> *¡No puedes rendirte! Si te rindes, eres como todos los demás.*
>
> Chris Evert, ex tenista estadounidense

Ojalá que este libro te haya ayudado a animarte a correr riesgos, a ser consecuente, a equivocarte y a aprender. A no ser como todos los demás.

SIGAMOS EN CONTACTO

Mail: marcelo_romeo@hotmail.com

Linkedin: marcelo-romeo

Instagram: romeo_marcelo

Twitter: @romeomarce

Este libro se terminó de imprimir
en los talleres gráficos de Primera Clase Impresores,
en la calle California 1231, Barracas,
Ciudad de Buenos Aires.

TOLLE, LEGE